Ein Buch der **Investment Academy**

Achtung: Dieses Buch ist lediglich eine Einführung in die Thematik und stellt keine Finanz- oder Anlageberatung dar. Dem Handel mit Optionen, Immobilien und Wertpapieren unterliegt immer ein gewisses Verlustrisiko.

Weitere Hinweise finden Sie auf der Impressums Seite.

Kostenfreie Bonusinhalt:
Sie können unter www.investmentacademy.at/bonus kostenfreie Bücher herunterladen die die Inhalten dieses Buches ideal ergänzen!

Inhaltsverzeichnis

Erklärung des Herausgebers

Mit dieser Enzyklopädie bieten wir Ihnen ein kompaktes Werk unserer bisherigen Veröffentlichungen zum Thema Geldanlage. So haben sie ohne Vorwissen die Möglichkeit nur auf Grundlage dieses Buches ihr Geld durch verschiedenste Anlagearten erfolgreich zu vermehren. Unser Ziel war es, eine Enzyklopädie zu erstellen, mit Hilfe derer man sich umfangreich bilden kann, die aber auch aufgrund des Umfanges als Nachschlagwerk dienen soll. Dieses Buch stellt man nach einmal lesen nicht zurück ins Regal und lässt es dort verstauben, sonder wir sind überzeugt davon, dass Ihnen dieses Buch über viele Jahre gute Dienste erweisen kann, wenn Sie auf der Suche nach Einsteiger -Tipps sind oder sich Ihnen die Frage „Wie war das noch einmal mit.....??".

Wir wünschen viel Vergnügen beim Lesen

Ihr **Investment Academy Team**

Teil 1:
Aktien für Beginner

Aktien: Gefahr oder Alternative? Warum auch Neueinsteiger und Anfänger hohe Gewinne einfahren können

Einführung

Aktien: Gefahr oder Alternative? Warum auch Neueinsteiger und Anfänger hohe Gewinne einfahren können

Derzeit gibt es gerade einmal 0,50 Prozent für ein Tagesgeldkonto. Entscheidet sich der Anleger für ein Festgeldkonto, so erhält er - im Zuge einer einjährigen Bindung - einen Zinssatz von durchschnittlich 0,75 Prozent; für dreijährige Laufzeiten gibt es Zinssätze zwischen 1,00 und 1,15 Prozent. Selbst Personen, die sich selbst als risikoscheu bezeichnen würden, interessieren sich immer mehr für Aktien. Schlussendlich sind Sparbücher, Bausparverträge, Fest- oder Tagesgeldkonten keine empfehlenswerten Veranlagungsformen mehr, wenn man auch Geld verdienen will. Die Niedrigzinsphase, die schon seit mehreren Jahren anhält, lässt das Ersparte schrumpfen; ein Ende ist zudem auch nicht in Sicht. Entscheidet sich der Anleger für Aktien, so kann er durchaus höhere Rendite erzielen und sein Vermögen vermehren. Doch sind Aktien tatsächlich gefährlich? Beachtet der zukünftige Aktionär ein paar Tipps und Tricks, so kann das mögliche Risiko sehr wohl gemindert werden. Fakt ist: Wer kurzfristig Geld ansparen möchte, damit er sich in den kommenden Monaten ein neues Auto kaufen kann, sollte nicht unbedingt in Aktien investieren - vor allem dann nicht, wenn der Anleger ein Anfänger ist. In diesem Fall sollte eher ein langfristiger Anlagehorizont verfolgt werden. Daytrader, die auf reine Kursgewinne hoffen und hohe Summen veranlagen, können zwar - innerhalb von wenigen Stunden - hohe Gewinne einfahren, akzeptieren aber auch ein extrem hohes Risiko.

Das Depot

Wer Aktien kaufen oder mit anderen Wertpapieren handeln möchte, der braucht zuerst ein Wertpapier- oder auch Aktiendepot. Ein Depot wird entweder bei der Hausbank oder direkt über einen Online-Broker eröffnet. In dem Depot werden dann in weiterer Folge die erworbenen Aktien verwahrt und auch verwaltet. Kauft der Anleger also Aktien, so befinden sich diese in weiterer Folge im Depot und können beobachtet werden. Der Anleger wird aber feststellen, dass es zahlreiche Broker gibt, sodass im Vorfeld ein Vergleich durchgeführt werden sollte. Noch immer gibt es zahlreiche Banken, die horrende Gebühren in Rechnung stellen, wenn der Anleger ein Depot eröffnet. Mitunter können für die Depot- und Verwaltungsgebühren - pro Jahr - um die 30 Euro in Rechnung gestellt werden. Diese Kosten sollten unbedingt vermieden werden, da sie in weiterer Folge den Gewinn schmälern. Online-Broker verzichten oft auf derartige Gebühren. Dennoch muss der Anleger darauf achten, dass das Depot nicht zur Gänze kostenlos ist - es gibt nämlich auch sogenannte Transaktionskosten zu entrichten. Diese fallen beim Kauf und Verkauf von Aktien an - so müssen Börsengebühren (abhängig vom Handelsplatz) oder auch sogenannte Orderprovisionen bezahlt werden. In der Regel handelt es sich um eine fixe Provision, die - je nach Online-Broker - zwischen 3 Euro und 8 Euro betragen kann. Es gibt aber auch volumenabhängige Provisionen.

Tipp: Der Anleger sollte sich für einen Broker entscheiden, der eine kostenlose Kontoführung anbietet und auch keine horrenden Transaktionsgebühren verlangt - nur so kann der Anleger auch mögliche Kosten einsparen, die die Gewinne drastisch schmälern können. Fakt ist: Online-Broker sind weitaus günstiger, wobei sich der Anleger bewusst sein muss, dass er keine Filiale aufsuchen kann und mitunter auch keinen fixen Berater zur Seite gestellt bekommt. Wer also eigenständig Aktien kaufen oder verkaufen möchte, der sollte sich für einen Online-Broker entscheiden. Benötigt der Anleger jedoch immer wieder Hilfe oder fühlt sich wohler, wenn er von einem Berater begleitet wird, sollte es ein Depot bei seiner Hausbank anlegen oder sich für eine Filialbank entscheiden, die nur geringe Gebühren in Rechnung stellt.

Die Definition des Anlageziels

Noch bevor der Anleger die ersten Aktien erwirbt, sollte er ein Anlageziel definiert haben. Bevor es also zu ersten Transaktionen kommt, müssen folgende Fragen beantwortet werden:

Welcher Betrag steht zur Verfügung?

Einsteiger sollten zuerst eher kleinere Beträge investieren. Zudem sollte nur Geld in Aktien fließen, das kurzfristig auch nicht benötigt wird. Kommt es nämlich zu Verlusten, weil sich die Märkte in die "falsche Richtung" bewegen, so muss der Anleger nicht verkaufen, wenn er das Geld benötigt - er kann abwarten und darauf hoffen, dass sich die Märkte wieder in die "richtige Richtung" begeben. All jene, die sich für einen Wertpapierhandel auf Kredit entscheiden, sollten sich immer bewusst sein, dass der Aktienmarkt auch Risiken mit sich bringt, die keinesfalls unterschätzt werden dürfen. Aus diesem Grund kann es keinesfalls empfohlen werden, wenn Anleger einen Kredit aufnehmen, mit dem danach Aktien erworben werden sollen. Diese Strategie ist äußerst gefährlich!

Der Anleger sollte also nur frei verfügbares Kapital einsetzen, das er demnächst nicht benötigt, sodass es zu keinen Notverkäufen kommt, sofern unvorhergesehene Rechnungen zu begleichen sind oder mitunter Anschaffungen fällig werden, mit denen im Vorfeld nicht gerechnet werden konnte. Der Anfänger sollte also keinesfalls sein gesamtes Vermögen in Aktien investieren - auch dann nicht, wenn er "sichere Tipps" bekommen hat, wie er sein Geld vermehrt. In der Regel empfehlen Finanz- und Anlageexperten 20 Prozent des Vermögens. Besitzt der Anleger also ein Vermögen in der Höhe von 20.000 Euro, so sollte er maximal 2.000 Euro in Aktien stecken.

Welches Risiko will der Anleger eingehen?

Entscheidet sich der Anleger für Aktien, so geht er auch ein gewisses Risiko ein, weil "sichere Tipps" nicht automatisch auch Gewinne bedeuten. Der Anleger muss also immer wieder mit Kursrückgängen rechnen. Da die Aktienkurse schwanken, so können 5.000 Euro, die vor wenigen Wochen in Aktien investiert wurden, plötzlich schon einmal einen Wert von 10.000 erreichen. Natürlich ist auch die andere Richtung möglich - aus den 5.000 Euro sind plötzlich 2.100 Euro geworden. Je höher also die Chance des Wertpapiers, desto größer ist natürlich auch das Risiko. Auch wenn es keine sicheren Wertpapiere gibt, so kann das Risiko eines Verlusts gemindert werden, wenn sich der Anleger für stabile Aktien entscheidet. Hier sind zwar keine hohen Kursgewinne zu erwarten, jedoch muss der Anleger auch keine Angst vor möglichen Verlusten haben. Am Ende profitiert er durch die Dividendenausschüttungen.

Welche Rendite erwartet sich der Anleger?

Der Anleger muss sich im Vorfeld entscheiden, wie hoch die Gewinne ausfallen sollen - natürlich spielt hier auch der Zeitraum eine wesentliche Rolle. Anfänger sollten immer auf langfristige Renditen setzen - kurzfristige Renditen sind zwar möglich, jedoch müsste der Anfänger in riskante Wertpapiere investieren. Realistisch sind Rendite zwischen 3 Prozent bis 10 Prozent/Jahr! Doch warum scheitern viele Anleger? In erster Linie wollen sie - so schnell wie möglich - hohe Gewinne verbuchen. Vielen Anlegern fehlt auch die Geduld - läuft es nicht wie gewünscht, so werden die Aktien verkauft, ganz egal, ob sie sich im Plus oder im Minus befinden. Der Anleger, vor allem der Anfänger, sollte daher immer ein langfristiges Ziel verfolgen und sich im Vorfeld bewusst sein, dass die Märkte auch immer in die andere Richtung gehen können. Am Ende muss der Anleger nur Geduld bewahren - irgendwann bewegen sich die Märkte wieder in die gewünschte Richtung, sodass Verluste automatisch ausgeglichen werden.

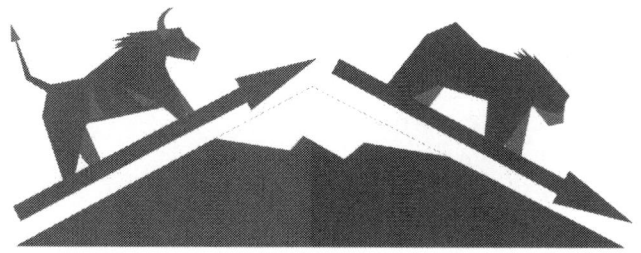

Die Wahl des passenden Wertpapiers

Für welches Wertpapier sollte sich der Anleger letztendlich entscheiden? Ist der Anfänger sicherheitsorientiert oder doch eher risikofreudig? Ob sicher oder hochspekulativ - dem Anleger stehen verschiedene Möglichkeiten zur Verfügung. Wichtig ist, dass er im Vorfeld Informationen einholt, sodass er auch weiß, was ihn erwarten könnte.

Aktien

Ein Unternehmen verfügt in der Regel nicht über genügend finanzielle Mittel, damit in weiterer Folge auch alle Investitionsvorhaben problemlos finanziert werden können. Damit dieser finanzielle Engpass aber nicht um Problem wird, kann sich das Unternehmen für den sogenannten Börsengang entscheiden. Für die Ausgabe von Aktien (Emission) wird neues Kapital aufgenommen. Der Betrag, der von den einzelnen Investoren für die einzelne Aktie bezahlt wird, fließt in weiterer Folge in das Unternehmen - es entsteht also neues Kapital. Im Gegenzug erhält der Investor Aktien - er ist also der Miteigentümer des Unternehmens geworden. Der Aktionär hat somit auch ein Mitspracherecht an zukünftigen Projekten. Das Stimmrecht wird durch die erworbenen Aktien bestimmt - je mehr Aktien der Anleger besitzt, desto gewichtiger ist auch sein Mitspracherecht. Der Börseneinsteiger sollte sich aber bewusst sein, dass es auch unterschiedliche Formen gibt (Aktiengattungen). Die Aktiengattungen unterscheiden sich etwa nach der Übertragbarkeit oder nach dem Stimmrecht.

Der Kauf und Verkauf

Will der Anleger Aktien kaufen oder verkaufen, so kann er diese über einen Börsenplatz erwerben oder veräußern; in vielen Fällen bieten die Online-Broker auch einen außerbörslichen Handel an, sodass der Verkauf über einen Direkthandelspartner und nicht über die Börse erfolgt.

Stammaktien

Verfügt der Aktionär über sogenannte Stammaktien, so kann er auch an Hauptversammlungen teilnehmen und mitbestimmen, welche Projekte umgesetzt oder welche Investitionen getätigt werden sollen. Je mehr Aktien der Anleger besitzt, desto mehr Einfluss hat er am Ende auch auf die Abstimmungen.

Vorzugsaktien

Vorzugsaktien sind das Gegenstück zu den Stammaktien. Der Anleger verfügt über kein Stimmrecht, darf sich aber über eine bevorzugte Behandlung freuen, sofern Dividenden ausgeschüttet werden. Besitzt der Anleger also Vorzugsaktien, so darf er sich mitunter über eine höhere Dividende freuen.

Namensaktien

Damit der Anleger seine Rechte geltend machen kann, muss er in der Gesellschaft eingetragen sein. Eine derartige Eintragung erfolgt jedoch nur über Wunsch und wird über die depotführende Bank durchgeführt. Im Aktionärsregister werden dann die persönlichen Daten des Anlegers - dazu gehören der Name, das Geburtsdatum und die Anzahl der erworbenen Aktien - vermerkt.

Inhaberaktien

Entscheidet sich der Anleger für Inhaberaktien, so stehen ihm alle Pflichten und Rechte zu, die der Besitz dieser Aktie mit sich bringen kann. Inhaberaktien sind sehr beliebt, da sie problematisch gehandelt werden können - durch einen Kauf oder Verkauf werden die Aktien problemlos an andere Käufer oder Verkäufer übertragen.

Chancen und Risiken

Der Aktionär profitiert von den Kurssteigerungen und erzielt in der Regel höhere Rendite als bei festverzinslichen Anlagen (etwa Anleihen). In vielen Fällen erhalten die Anleger auch eine Dividende, sodass es zu einer Steigerung der Rendite kommt. Werden pro Aktie 2 Euro bezahlt, wobei der Anleger 500 Aktien besitzt, so erhält er eine Extra-Zahlung von 2.000 Euro.

Natürlich hängen der Aktienkurs und die Dividende vom Unternehmenserfolg ab - die Rendite, die im Zuge des Investments erzielt werden kann, kann daher nie sicher vorhergesagt werden. Verbucht das Unternehmen keine Erfolge, so kann es auch zu einem Kursverlust kommen. In weiterer Folge muss der Anleger sogar mit einer negativen Rendite rechnen. Selbst ein Totalverlust ist möglich. Das bedeutet, dass das Geld, das er in das Unternehmen investiert hat, zur Gänze verloren wurde. Ein Totalverlust tritt jedoch nur selten ein; erst dann, wenn der Anleger alle möglichen Tipps und Tricks ignoriert, steigt die Wahrscheinlichkeit dieses Szenarios.

Anleihen

Anleihen sind sogenannte verzinsliche Wertpapiere und haben unterschiedliche Laufzeiten. Zu den Anleihen gehören auch Rentenpapiere, Pfandbriefe oder auch Schuldverschreibungen. Für die Unternehmen sind Anleihen eine zusätzliche Möglichkeit, wie sie zu noch mehr Kapital kommen können. Gemeinden und Länder können die Anleihen herausgeben, damit ein Haushaltsdefizit ausgeglichen werden kann. Banken geben Anleihen in Form von Pfandbriefen oder Schuldverschreibungen heraus, sodass ein Kreditgeschäft finanziert wird. Wird eine Anleihe gekauft, so gewährt man also einen Kredit. Wird die Anleihe in weiterer Folge verkauft, so bekommt der Anleger den Kaufbetrag zurück und erhält zusätzliche Zinsen, die seit dem Kauf erwirtschaftet wurden. Kommt es zu einer Insolvenz des Unternehmens, so wird der Anleger automatisch zum Gläubiger. Ein wesentlicher Unterschied zu Aktien? Die Anleihen sind nicht börsenpflichtig. Der Anleger kann die Anleihen über die Hausbank oder auch über den Online-Broker beziehen. Erwirbt der Anleger Anleihen, so muss er die Transaktionskosten bezahlen. Eventuelle Kursgewinne und Zinserträge sind steuerpflichtig.

Chancen und Risiken

Anleihen sind relativ sicher. Der Anleger darf sich auf Erträge aus der Verzinsung freuen und kann zudem auch von Kursgewinnen ausgehen, die ebenfalls einen positiven Einfluss auf das Kapital haben. Das ist jedoch nur möglich, wenn die Anleihen auch während der gewählten Laufzeit wieder veräußert werden. Wartet der Anleger mit dem Verkauf bis zum Ende der Laufzeit, so erhält er nur das eingesetzte Kapital und den Zinsertrag - er profitiert also keinesfalls von möglichen Kursgewinnen.

Problematisch ist der Umstand, dass das Unternehmen natürlich Insolvenz anmelden kann. In diesem Fall wird der Anleger zum Gläubiger. Der Anleger muss in weiterer Folge davon ausgehen, dass er nicht das gesamte Kapital zurückbekommt. Liegt zudem eine niedrige Verzinsung vor, so kann das Vermögen - sofern die Inflation höher ist - schrumpfen. Ein langfristiger Kapitalaufbau ist daher kaum möglich.

CFDs

"Contract for Difference", sogenannte Differenzkontrakte, die auch als CFDs bezeichnet werden, sind hochspekulative Derivate. Hier spekuliert der Anleger nur auf die Differenz des jeweiligen Kauf- und Verkaufspreises eines Basiswerts. Die Basiswerte sind in der Regel Aktien, können aber auch Devisen, Rohstoffe oder Anleihen sein. Der Anleger investiert also nicht direkt in einen Vermögenswert - er spekuliert nur mit der Kursentwicklung. CFDs sind also derivate Finanzinstrumente, die eine Ähnlichkeit mit Optionsscheinen oder Zertifikaten haben. Die CFDs werden zudem auch nicht über die Börse gehandelt - sie werden von Brokern und Banken zur Verfügung gestellt. Der CFD-Handel ist auch über das Internet möglich. Damit der Anleger mit CFDs handeln kann, muss er ein Depot oder Konto haben, auf das die Sicherheit (Prozentsatz des Transaktionswertes) einbezahlt wird. Diese Sicherheit setzt sich aus der Differenz der Absicherungssumme, dem Kurs, die Transaktionskosten und Finanzierungskosten zusammen. Erträge, die durch den CFD-Handel erwirtschaftet werden, sind steuerpflichtig. Der Vorteil? Durch die geringe Sicherheitsleistung kann mitunter ein Handelsvolumen im vier- bis fünfstelligen Bereich bewegt werden; der Anleger muss gerade einmal 10 Prozent (brokerabhängig) des Gesamtwerts aufbringen. Die Differenz wird vom Broker zwischenfinanziert.

Chancen und Risiken

CFDs sind vor allem für spekulative Anleger geeignet, da durchaus hohe Gewinne möglich sind. Die Gewinne werden durch den Hebeleffekt generiert. Der Anleger muss zudem nur einen Teil des tatsächlichen Basiswerts bezahlen, profitiert aber von der gesamten Kursentwicklung.

Der CFD-Handel sorgt zwar für extrem hohe Gewinne, ist aber sehr riskant, sodass er keinesfalls einem Anfänger empfohlen werden kann. Reicht die einbezahlte Sicherheitsleistung nämlich nicht aus, so kommt es zur gefürchteten Nachschusspflicht - der Anleger muss also den entstandenen Verlust ersetzen, sodass er die Mehrkosten zu tragen hat. Auch wenn es einige Broker gibt, die auf eine Nachschusspflicht verzichten (automatische Stop-Loss-Funktion), so sind CFDs nur sehr erfahrenen Anlegern zu empfehlen.

Fonds

In den Fonds werden die Gelder zahlreicher Anleger gesammelt, die - je nach Investitionssumme - einen entsprechenden Anteil erhalten. Fonds werden in der Regel von erfahrenen Fondsmanagern verwaltet; diese sorgen dafür, dass das Kapital der Anleger ertragreich in Vermögenswerte investiert wird. So kann der Fondsmanager in Rohstoffe, Aktien oder auch Immobilien investieren - am Ende spielt die Ausrichtung des Fonds eine wesentliche Rolle. Mitunter werden auch die einzelnen Vermögenswerte kombiniert, sodass es zu einer breiten Streuung kommt. Die breite Streuung - auch Diversifikation genannt - mindert das Risiko eines Verlusts. Fonds werden von der BaFin - der Bundesanstalt für Finanzdienstleistungsaufsicht - kontrolliert. Die Fondsanteile werden über Broker, Banken oder direkt bei der Fondsgesellschaft gekauft. Der Anleger muss auch hier etwaige Gebühren entrichten, die die Gewinne jedoch schmälert. So gibt es Depotgebühren (einmal pro Jahr) und auch einmalige Kosten zu entrichten, die bei einem Kauf oder Verkauf anfallen. Darunter fallen etwa Ordergebühren oder auch die Transaktionskosten. Alle Einnahmen, die durch einen Fonds erzielt werden, sind steuerpflichtig.

Chancen und Risiken

Fonds werden professionell durch Fondsmanager verwaltet. Des Weiteren muss der Anleger keine hohen Summen investieren - er kann bereits mit wenig Kapital eine breite Streuung erzielen. Der Anleger profitiert also von den Ertragschancen und der Tatsache, dass Fonds relativ risikoarm sind.

Jedoch hängen die Risiken und die Erträge von der Ausrichtung des Fonds ab. Auch hier gilt, dass hohe Gewinnchancen dafür sorgen, dass auch ein erhöhtes Risiko besteht.

Optionsscheine

Zertifikate und Optionsscheine gehören zu den strukturierten Anlagen. Erwirbt der Anleger einen Optionsschein, so erwirbt er auch das Recht, dass er eine Ware verkauft, wobei der Termin des Verkaufs und der Preis des Verkaufs im Vorfeld festgelegt werden. Jedoch ist der Anleger nicht verpflichtet, dass er die Ware auch tatsächlich verkauft. Die Optionsscheine erhält man bei Banken, Online-Brokern oder Sparkassen. Die Käufe und Verkäufe sind auch über die Börse möglich. Die Preise der Optionsscheine werden verbindlich in Form von Geld- oder Briefkursen festgelegt. Briefkurse sind in der Regel niedriger, Geldkurse deutlich höher. Der Vorteil ist, dass der Anleger nur die Depotgebühren entrichten muss - es gibt nur sehr geringe Ausgabeauf-

schläge oder Verwaltungsgebühren, die im Zuge des Optionsscheinhandels bezahlt werden müssen.

Chancen und Risiken

Optionsscheine ermöglichen sehr hohe Renditen. Der Vorteil
liegt darin, dass der Anleger überproportional von den Kursgewinnen profitiert. Doch Optionsscheine sind auch extrem riskant
- sie gehören, wie auch die CFDs, zu den sehr riskanten Anlageformen. Am Ende der Laufzeit können nämlich die Kurse derart
stark gefallen sein, dass der Anleger einen horrenden Verlust
verbuchen muss.

Kostenfreie Bonusinhalt:

Sie können unter **www.investmentacademy.at/bonus**
kostenfreie Bücher herunterladen die die Inhalten dieses
Buches ideal ergänzen!

Wie wird das Depot zusammenge-stellt?

Der Anleger hat seine Anlagenziele definiert, ein Depot eröffnet und weiß, in welche Wertpapiere er investieren möchte? In weiterer Folge stellt sich die Frage, wie er das Depot zusammenstellen soll, damit er das Risiko reduziert.

Anleger werden dann langfristig erfolgreich, wenn sie eine vernünftige und auch kluge Anlagestrategie verfolgen. Natürlich spielt auch die Risikoneigung eine wesentliche Rolle. Während ein sicherheitsorientierter Anleger wohl in Mischfonds oder Anleihen investiert, wird ein risikofreudiger Anleger gerne in Einzelaktien oder auch direkt in Aktienfonds investieren. Am Ende ist aber die Streuung - die Diversifikation - wichtig. So kann der Anleger das Risiko mindern. Wer sein ganzes Geld auf eine Karte setzt, der kann zwar am Ende hohe Gewinne einfahren, muss sich aber durchaus bewusst sein, dass selbst ein Totalverlust eintreten kann.

Investiert der Anleger in Unternehmen, die sich vorwiegend in Wachstumsmärkten befinden, so kann dieses Investment lukrativ sein, da derartige Unternehmen bekannt dafür sind, dass sie ihre Gewinne stark steigern. Natürlich hat dieser Umstand einen erheblichen Einfluss auf den Aktienkurs, der in weiterer Folge steigen kann. Jedoch müssen die Gewinne nicht immer steigen - das Risiko liegt darin, dass das Unternehmen nicht die Erwartungen erfüllt und die Aktienkurse in den Keller fallen. Anders sind die sogenannten "Value-Aktien". Hier handelt es sich um Unternehmen, die sich in etablierten Märkten befinden und schon seit Jahren (oder Jahrzehnten) die Marktführer sind. Auch wenn die "Value-Aktien" nicht so chancenreich sind, so ist das Verlustrisiko gering. Von "Value-Aktien" profitieren vor allem jene Anleger, die sich auf die Dividendenzahlungen konzentrieren. Auch die Dividendenzahlungen haben einen Einfluss auf die Rendite - sie sorgen für eine kontinuierliche Steigerung des Kapitals. Auch wenn der Anleger keine schnellen Gewinne erhält, so darf er sich auf langfristige Rendite freuen, die das Kapital erhöhen. Das Depot könnte folgendermaßen gestaltet sein: Der Anleger investiert 40 Prozent in Value-Aktien, wobei er 10 Prozent in die Immobilienbranche, 25 Prozent in den Elektromobilmarkt und 5 Prozent in Fin-Tech-Unternehmen investiert. 60 Prozent fließen in Aktien, die gute Aussichten haben. Auch hier sollte der Anleger in mehrere Branchen und auch in unterschiedliche Länder investieren. Der Hintergedanke? Die Wahrscheinlichkeit, dass alle Märkte zur selben Zeit schwächeln, ist gering. Hat der amerikanische Immobilienmarkt Verluste eingefahren, sodass jene Positionen um 13 Prozent fallen, die Aktien des asiatischen Elektromobilmarktes und des europäischen Immobilienmarktes aber um insgesamt 25 Prozent zulegen, so befindet sich der Anleger mit 12 Prozent im Plus. Würde das Gesamtvermögen in den amerikanischen Immobilienmarkt investiert worden sein, so hätte der Anleger einen Wertverlust von 13 Prozent erlitten.

Der Aktienkauf

Die Börse ist komplex und durchaus kompliziert. Viele Analysten und Experten, die sich tagtäglich mit den einzelnen Werten befassen, beurteilen in weiterer Folge die Ertragschancen. So werden einige Aktien empfohlen, andere Aktien wiederum derart eingestuft, sodass der Aktionär sie besser nicht kaufen sollte. Problematisch wird es dann, wenn es für Aktien zwei Meinungen gibt - ein Umstand, der immer wieder eintritt. Das liegt auch an der Tatsache, dass die Experten und Analysten andere Ziele verfolgen können. Wer sich für eine langfristige Vermehrung des Kapitals entscheidet, der wird mit Aktien, die eher stabil bleiben, sehr wohl eine richtige Entscheidung getroffen haben; wer einen schnellen Gewinn anstrebt, der sollte auf hochspekulative Aktien setzen. Bevor der Anleger eine Aktie erwirbt, sollte er also Informationen einholen

Ratsam sind die Meinungen von Börsen-Größen wie Benjamin Graham, George Soros, Warren Buffet oder auch Peter Lynch. Natürlich - auch sie müssen nicht immer auf der Siegesstraße sein, haben in den letzten Jahrzehnten aber derart viel Geld mit Aktien verdient, sodass man durchaus die Chance hat, auch als Anfänger ein wenig Geld zu machen. Doch der Anleger sollte nicht nur auf die Ratschläge der Börsen-Größen vertrauen: Aktien sollten nur dann erworben werden, wenn man auch das Unternehmen kennt und auch weiß, wofür das Unternehmen steht, welche Investitionen geplant werden oder wie es in der Zukunft weitergehen soll.

Hat sich der Anleger für eine Aktie entschieden, so muss er entweder den Bankberater kontaktieren oder sein Depot beim Online-Broker besuchen. In weiterer Folge wird der Aktienkurs überprüft - liegt der Kurs bei 4 Euro/Aktie und möchte der Anleger 1.000 Euro investieren, so erhält er rund 250 Aktien. Steigt der Kurs auf 7,20 Euro, so befindet er sich im Plus und darf sich über einen aktuellen Wert von 1.800 Euro freuen. Fällt der Aktienkurs jedoch auf 2,70 Euro, so sind aus den 1.000 Euro plötzlich 675 Euro geworden. Der Anleger sollte sich daher im Vorfeld bewusst werden, wann er die Aktien verkaufen will. Werden die Aktien verkauft, wenn die 2.000 Euro-Marke erreicht wurde? So muss der Anleger bei einem Kurs von 8 Euro/Aktie verkaufen. Wird die Position geschlossen, wenn der Verlust begrenzt werden soll, so ist im Vorfeld zu überlegen, ob bei einem Verlust von 200 Euro oder erst 500 Euro verkauft werden soll.

Die Strategien

In den letzten Jahren sind verschiedene Strategien in den Mittelpunkt gerückt, durch die - so einige Experten - das Kapital "problemlos vermehrt" werden kann. Am Ende spielt es aber keine Rolle, für welche Strategie sich der Anleger entscheidet - alle Strategien haben Vor- und Nachteile. Fakt ist: Es gibt tatsächlich keine Strategie, die Gewinne garantiert und Verluste unmöglich macht - auch "ganz sichere Strategien", die im Internet beworben werden, verhindern keine Verluste.

Die Dividendenstrategie

Folgt man der Dividendenstrategie nach Benjamin Graham, so entscheidet sich der Anleger für eine sehr konservative Strategie. Das heißt aber nicht, dass hier keine Gewinne erzielt werden. Der Anleger investiert in Unternehmen, die hohe Dividendenausschüttungen garantieren. Der Vorteil? Der Anleger konzentriert sich nicht auf die Kursentwicklungen - er richtet sein Augenmerk auf die Dividendenauszahlungen, die in weiterer Folge für den Gewinn sorgen sollen. Heute gibt es bereits eigene Indizes, so etwa den DivDax, in denen die dividendenstärksten Papiere gelistet werden. Hier finden sich die etablierten Unternehmen, Versorger und Konsumgüterproduzenten. Die Dividendenstrategie kann sicherheitsorientierten Anlegern empfohlen werden, die zudem einen langfristigen Anlagehorizont verfolgen.

Die "Dividend Low 5"-Strategie

Entscheidet sich der Anleger für die sogenannte "Dividend Low 5"-Strategie, so wählt er jene zehn Werte aus, die die höchsten Dividenden ausbezahlen - in weiterer Folge entscheidet er sich für fünf Unternehmen, die die niedrigsten Börsenkurse haben. Das mag zwar ungewöhnlich klingen, ist aber - so zumindest die Experten - gewinnbringend. Der Anleger erhält - Jahr für Jahr - Dividendenausschüttungen und darf zudem auch noch auf steigende Kurse hoffen, die die Gewinne in die Höhe treiben. In vielen Fällen wirken nämlich die Aktien, die sehr niedrige Kurse haben, "günstiger" - da viele Anleger lieber in "günstigere Aktien" investieren, so ist die Wahrscheinlichkeit groß, dass es auch zu einer Wertsteigerung kommt. In den letzten Jahren wurde diese Strategie immer beliebter - das heißt aber nicht, dass sie auch in naher Zukunft funktionieren wird.

Die Strategie der Relativen Stärke

Bei dieser Strategie handelt es sich um eine Aktienstrategie, die in der Vergangenheit durchaus erfolgversprechend war. Die "Strategie der Relativen Stärke" geht auf Levy zurück. Er war der Meinung, dass Aktien, die einen positiven Trend haben, auch in naher Zukunft steigen werden. Dabei ist die "Relative Stärke" eine Kennzahl, die zeigen soll, wie sich der Aktienkurs zum Vergleichsindex entwickelt. Je größer also die sogenannte "Relative Stärke", desto schneller steigt die Aktie zum Aktienindex. Bei dieser Strategie werden die Werte mit den Werten von anderen Aktien verglichen - der Anleger erhält also einen Überblick über das Kursverhalten und den Gesamtmarkt. Jedoch ist es wichtig, dass betriebswirtschaftliche Kennziffern berücksichtigt werden, sodass der Anleger auch erfährt, wie das Verhältnis des Kurses zu Gewinn, Umsatz, Buchwert und Cash-Flow ist. Mitunter kann es nämlich vorkommen, dass Aktien, die eine "hohe Relative Stärke" aufweisen, bereits deutlich überbewertet sind. Der Aktienkurs steigt also nicht mehr - mitunter kann der Kurs sogar fallen, sodass der Anleger einen Verlust verbuchen muss.

Die Value-Strategie

Die Value-Strategie gehört zu den bekanntesten Aktienstrategien. Sie beruht auf der Graham-Idee und wurde in den letzten Jahren von zahlreichen Investoren optimiert. Auch hier konzentrieren sich die Anleger auf unterbewertete Aktien - die Unterbewertung soll ein langfristiges Kurspotential versprechen. Somit investiert der Anleger in werthaltige Aktien, die jedoch extrem im Kurs steigen können, da das sogenannte Zukunftspotential noch nicht erkannt wurde. Hier hilft eine systemische Analyse, die mit Hilfe der fundamentalen Unternehmenskennzahlen durchgeführt werden kann.

Die Trendfolgestrategie

Entscheidet sich der Anleger für die sogenannte Trendfolgestrategie, so schließt er sich der Schwarmintelligenz der anderen Anleger an. Ein Trend kann über einen längeren Zeitraum anhalten - entscheidet sich der Anleger zu Beginn eines Trends für eine Aktie, so profitiert er von steigenden Kursbewegungen. Verkauft der Anleger am Ende des Trends, so kann er sich über einen stattlichen Gewinn freuen. Wichtig ist, dass der Anleger aber sogenannte Trends erkennt - diese werden über Trendfolgeindikatoren ermittelt. Verluste können durch Stop-Loss-Order begrenzt werden - jeder Trend kann nämlich auch in die andere Richtung gehen, sodass die steigenden Kursbewegungen plötzlich abnehmen und der Kurs abstürzt. Die Trendumkehr ist mitunter der gefährlichste Aspekt dieser Strategie. Die fundamentalen Werte, die für viele Strategien berücksichtigt werden sollten, spielen hier jedoch keine wesentliche Rolle. In vielen Fällen werden grafische und auch mathematische Analysen durchgeführt, sodass der Anleger einen Trend erkennt und auch weiß, wann er die Aktien kaufen und wann er diese wieder verkaufen soll. Auch wenn das Risiko nicht außer Acht gelassen werden darf, handelt es sich - sofern die Trends auch tatsächlich erkannt werden - um eine recht erfolgversprechende Strategie.

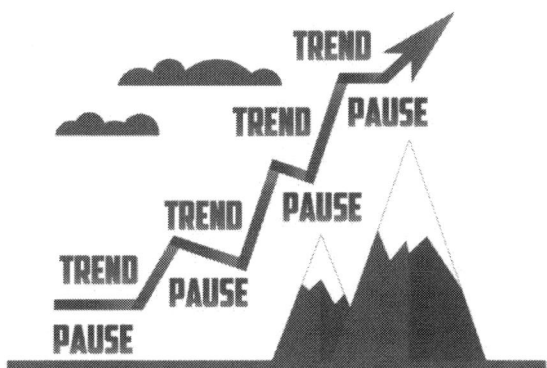

Die Schwergewichtsstrategie

Ein schwergewichtiges Unternehmen besitzt eine hohe Marktkapitalisierung und hat dadurch auch mehr Macht und Einfluss gegenüber anderen Unternehmen - derartige Schwergewichtige profitieren durch finanzielle Sicherheit, haben einen gefestigten Umsatz und genießen einen sehr guten Ruf. Entscheidet sich der Anleger für die Schwergewichtsstrategie, so geht er nur ein geringes Risiko ein, muss sich aber des Weiteren bewusst sein, dass die Rendite geringer ist. Das liegt daran, weil Schwergewichte nur selten hohe Kurssprünge erleben. Diese Strategie eignet sich also nur für jene Anleger, die einen langfristigen Anlagehorizont verfolgen und wissen, dass sie die Aktien über Jahre hinweg halten müssen, bis sie einen stattlichen Gewinn einfahren können. Natürlich sind derartige Schwergewichte aber nicht zu 100 Prozent sicher - die Aktienmärkte können sich auch in eine komplett andere Richtung bewegen, sodass die Gefahr besteht, dass auch hier Kurseinbrüche möglich sind. Das Risiko ist aber geringer. Zudem darf der Anleger nicht vergessen, dass die Schwergewichte auch etwaige Verluste verkraften können, sodass es zu einem Anstieg kommen kann, der in weiterer Folge wieder in die Gewinnzone führt.

Die Daytrader-Strategie

Aktienstrategien sind langfristiges - wer kurzfristige Erfolge feiern will, sollte immer auf aktuelle Trends oder auch Entwicklungen achten. Daytrader, die Positionen nur für wenige Stunden besitzen, gehen ein extrem hohes Risiko ein, dürfen sich aber - wenn ihre Vermutungen in Erfüllung gehen – auf hohe Gewinne freuen. Die Daytrader-Strategie kann keinesfalls einem Anfänger empfohlen werden. Einerseits ist die Strategie extrem riskant, andererseits benötigt man einen hohen Einsatz. Verändert sich der Kurs von 5,20 auf 6,00 Euro, so schrumpfen die 1.000 Euro gerade einmal auf 1.152 Euro. Das mag zwar - zumindest auf den ersten Blick - lukrativ wirken, wobei hier natürlich auch etwaige Transaktionskosten abgezogen werden müssen. Zudem besteht die Gefahr, dass der Kurs auch in die andere Richtung gehen kann - so werden, innerhalb von wenigen Stunden, aus 1.000 Euro mitunter nur 576 Euro, sofern der Kurs auf 3 Euro landet.

Fakt ist: Strategien, die angeblich "sicher" sind, gibt es wie Sand am Meer. Der Anleger muss sich aber bewusst sein, dass jede Strategie, ganz egal, wie sicher sie zu sein scheint, ein Risiko mit sich bringt.

Die Aktienkennzahlen

Die Tatsache, dass es extrem viele Aktien gibt, erschwert natürlich den Umstand, dass der Anfänger auch auf das richtige Pferd setzt. In welche Aktien sollte der Anfänger also investieren, wenn er Gewinne verbuchen möchte? Gibt es Tipps und Tricks, wie man Aktien für Einsteiger erkennt? Damit sich der Anfänger im komplexen Börsenumfeld orientieren kann, sodass er auch die passenden Aktien findet, sollte er sich für eine Aktienanalyse entscheiden. So gibt es im Rahmen der Fundamentalanalyse zahlreiche Kennzahlen, die am Ende einen Einblick geben sollen, ob ein Investment lohnenswert wäre oder nicht. Die Kennzahlen helfen auch beim direkten Vergleich der unterschledlichen Aktien. Am Ende soll der Anfänger die Sicherheit haben, dass er sich für Aktien entschieden hat, die auch Gewinne mit sich bringen. Viele Anfänger werden vermutlich "Angst" haben, wenn sie sich mit den Kennzahlen befassen. Schlussendlich wirken diese komplex - wer jedoch einen genaueren Blick auf die Aktienkennzahlen wirft, der wird relativ schnell erkennen, dass das System nicht ganz so schwer zu verstehen ist. Natürlich haben die Profis hier den Vorteil, dass sie die Aktien schon seit Jahren analysieren und sofort wissen, auf welche Merkmale sie achten müssen. Auch wenn die Kennzahlen in die richtige Richtung gehen, so heißt das aber noch lange nicht, dass sich Erfolge einstellen werden. Die Sicherheit, dass das Investment in die richtige Richtung geht, gibt es einfach nicht - auch dann nicht, wenn man die Kennzahlen miteinander vergleicht und feststellt, welche Aktien empfehlenswert sind und welche mitunter nicht.

Das Kurs-Gewinn-Verhältnis - KGV

Das Kurs-Gewinn-Verhältnis - kurz: KGV - ist die wohl bekannteste Kennzahl, die folgendermaßen gebildet wird:

KGV = der Kurs der Aktie / der Gewinn der Aktie

Zur Berechnung wird der aktuelle Börsenkurs der Aktie und der Gewinn, also die Dividende des Vorjahres oder auch die zu erwartende Dividende, herangezogen. Liegt der Aktienkurs bei derzeit 30 Euro, wobei die Dividende des letzten Jahres 2,00 Euro betragen hat, so ergibt sich in weiterer Folge ein KGV von 15. Würde der Aktienkurs bei 60 Euro liegen und die Dividende bei 3,50 Euro, so gibt es ein KGV von 17,15. Doch was sagt das KGV tatsächlich aus? Das KGV gibt dem Aktionär die Anzahl jener Jahre an, die bei einer konstant hohen Dividendenausschüttung - ab dem aktuellen Zeitpunkt - benötigt würde, damit der Kauf der Aktie vom Unternehmen finanziert wird. Folgt man dem ersten Beispiel, so dauert es also 15 Jahre, bis der ausgeschüttete Gewinn den Preis der Aktie bezahlt hat - beim zweiten Beispiel wären es über 17 Jahre. Das KGV kann daher folgendermaßen interpretiert werden: Je niedriger das KGV ist, desto schneller sind die Investitionen, also der Kaufpreis der Aktie, durch den Gewinn des Unternehmens bezahlt. Folgt man dieser Formel, so sollten Aktien mit niedrigerem KGV berücksichtigt werden. Der Anleger sollte jedoch beachten, dass die KGVs nicht immer miteinander gegenübergestellt werden dürfen. Das KGV kann nämlich auch schwanken - es kommt somit auf die einzelnen Branchen und auch auf die Gesamtwirtschaft an. Wer sich für diese Kennzahl entscheidet, sollte daher auch die weiteren Unterschiede berücksichtigen, die im Zuge einer Analyse auftreten können. Wer sich nur auf das KGV verlässt, wird mitunter ein paar Faktoren ignorieren, die jedoch wesentlich für den weiteren Erfolg sein könnten.

Die Eigenkapitalquote - EKQ

Die Eigenkapitalquote - kurz: EKQ - ist eine weitere Kennzahl, die gerne zur Analyse für Aktien herangezogen wird. Damit diese Kennzahl bestimmt und in weiterer Folge auch interpretiert werden kann, muss zunächst die Definition des Begriffes Eigenkapital erfolgen. Das Eigenkapital beschreibt sämtliche Mittel, die die Unternehmer zur Verfügung stellen - auch realistische Gewinne, die in weiterer Folge nicht ausgeschüttet werden, bilden das Eigenkapital. Jene Summen verbleiben zu Investitionszwecken im Unternehmen. Es handelt sich also um Gelder, die ausschließlich für das Unternehmen genutzt werden. Abzugrenzen ist dabei das Fremdkapital, das von externen Kapitalgebern zur Verfügung gestellt wird. Dazu gehören etwa Banken, die dem Unternehmen Geld leihen. Das Fremdkapital bildet - in Verbindung mit dem zur Verfügung gestellten Eigenkapital - das Gesamtkapital des Unternehmens. Konzentriert sich der Aktieneinsteiger auf das Eigenkapital, so muss er folgende Formel nutzen, sodass er am Ende eine Übersicht über die Eigenkapitalquote erhält:

EKQ = (das Eigenkapital / das Gesamtkapital) x 100

Hier bestimmt die Eigenkapitalquote den Anteil in Prozent des Eigenkapitals am gesamten Kapital des Unternehmens. Doch was soll die Eigenkapitalquote dem Aktionär sagen, wenn sich dieser für die Aktien der Gesellschaft interessiert? Gibt es eine sehr hohe Eigenkapitalquote, so ist das Unternehmen nur gering verschuldet und hat daher ein deutlich geringeres Insolvenzrisiko. Die Wahrscheinlichkeit, dass das Unternehmen also in finanzielle Schwierigkeiten gerät, ist gering. Aufgrund der Tatsache, dass eine erhöhte Eigenkapitalquote auch dazu führt, dass eine bessere Bonität - also Kreditwürdigkeit - gegeben ist, so besteht die Möglichkeit, dass das Unternehmen auch leichter ein Fremdkapital bekommt und somit weitere Investitionen planen und umsetzen kann. Das Unternehmen ist also durchaus liquid und zukunftsorientiert. Die Eigenkapitalquote sagt also etwas über die finanzielle Stabilität des Unternehmens aus. Je höher die Quote, desto stabiler die finanzielle Situation. Des Weiteren reduziert eine hohe Eigenkapitalquote auch die tatsächliche Abhängigkeit von Kapitalgebern - das Unternehmen hat also noch einen Spielraum, damit eigenständige Entscheidungen getroffen werden können. Dieser Faktor darf keinesfalls außer Acht gelassen werden, wenn sich der Anleger für ein Unternehmen interessiert. Jedoch gilt auch hier: Ist die Eigenkapitalquote hoch, so ist dieser Umstand natürlich positiv - der Umkehrschluss, dass dem Unternehmen jedoch nichts passieren kann, ist jedoch falsch. Sehr wohl können Investitionen oder Umsatzrückgänge dazu führen, dass sich das Eigenkapital reduziert. In weiterer Folge sind auch Unternehmen, die eine hohe Eigenkapitalquote haben, nicht automatisch vor einer Insolvenz geschützt. Die Wahrscheinlichkeit, dass ein derartiges Unternehmen jedoch Insolvenz anmelden muss, ist deutlich geringer. Zudem gibt es - je nach Branche - starke Schwankungen, die ebenfalls berücksichtigt werden sollten, bevor eine Investition geplant wird.

Das Kurs-Buchwert-Verhältnis - KBV

Das Kurs-Buchwert-Verhältnis - kurz: KBV - wird folgendermaßen gebildet:

KBV = der Kurs der Aktie / den Buchwert der Aktie

Der Buchwert des Unternehmens drückt die "Substanz" aus. Somit stellt der Buchwert auch das Eigenkapital des Unternehmens dar. Das Eigenkapital wird in den jeweiligen Quartalsberichten veröffentlicht und gibt dem Aktionär einen Einblick, sodass er das KBV berechnen kann. Das KBV drückt also im Endeffekt das Verhältnis zwischen dem bilanziellen Eigenkapital und der Marktkapitalisierung aus - es kommt also zur Errechnung des Buchwerts. Doch warum können der Buch- und der Marktwert unterschiedlich ausfallen? Der Aktienkurs setzt sich durch Angebot und Nachfrage zusammen. Das Eigenkapital, das jedoch in der Bilanz zu finden ist, orientiert sich nach den Bilanzierungsvorschriften. Das bedeutet, dass es sogar möglich ist, dass der Marktwert des Unternehmens sogar über dem bilanziellen

Eigenkapital liegt - das ist auch umgekehrt möglich, sodass der Marktwert unter dem bilanziellen Eigenkapital liegt. Doch was sagen derartige Ergebnisse über das Unternehmen aus und wie sollte sich der Anleger entscheiden, wenn er sich für das KBV entscheidet? Gibt es ein hohes KBV, so darf sich der Anleger durchaus Hoffnungen auf eine sehr positive Entwicklung machen - liegt der Wert jedoch unter 1,0, so könnte die Firma übernommen werden, wobei der bilanzielle Eigenwert nicht erreicht wird. Das wäre - für die Firma und den Anleger - jedoch nicht wünschenswert. Wer die unterschiedlichen KBVs vergleicht, der wird relativ schnell feststellen, dass die KBVs jedoch nicht in allen Branchen miteinander verglichen werden dürfen. Aus diesem Grund ist es ratsam, wenn es nur branchenähnliche Vergleiche gibt, sodass am Ende auch ein aussagekräftiges Ergebnis erzielt wird.

Fakt ist: Anleger, die sich mit den Aktienkennzahlen befassen, sollten sich nicht nur auf eine Formel verlassen. Wichtig ist, dass nur Aktien erworben werden, die viele positive Kennzahlen beinhalten. Ist der Anleger unsicher, so sollte er sich für eine andere Gesellschaft entscheiden.

Kostenfreie Bonusinhalt:
Sie können unter www.investmentacademy.at/bonus kostenfreie Bücher herunterladen die die Inhalten dieses Buches ideal ergänzen!

Kostenfreie Bonusinhalt:

Sie können unter **www.investmentacademy.at/bonus** kostenfreie Bücher herunterladen die die Inhalten dieses Buches ideal ergänzen!

Die Aktienanalyse

Bevor sich der Anfänger für Aktien entscheidet, sollte er eine Aktienanalyse durchführen. Analysen sind aber komplex - hier sollte sich der Anfänger zunächst ein Basiswissen aneignen, damit er am Ende nicht nur auf sein Bauchgefühl hören muss. Es gibt Bücher, Zeitschriften und auch Webinare und Tutorials, die einen Aufschluss darüber geben, wie Aktien analysiert werden können. Nur dann, wenn der Anleger auch weiß, welche Chancen und Risiken möglich sind, kann er sich für die richtigen Aktien entscheiden. Doch auch hier gilt: Anleger, die der Meinung sind, dass die Analyse das Risiko zur Gänze reduziert, irren sich - auch dann, wenn Kennzahlen positiv und Analysen gut verlaufen, so gibt es noch lange keine Garantie, dass die Aktien auch tatsächlich Gewinne mit sich bringen. Der Markt kann sich - wie bereits erwähnt - immer in eine andere Richtung begeben. Damit also ein langfristiger Vermögensaufbau erzielt wird, sollte der Anleger wissen, wie die Aktienkurse überhaupt entstehen - dabei sind natürlich wieder einmal Angebot und Nachfrage im Mittelpunkt. Ist der Anleger überzeugt, dass der Wert einer Aktie angemessen und fair ist, so kann er die Aktie erwerben. Auch dann, wenn die Aktie - so der Anleger - über dem tatsächlichen Wert liegt und eine rosige Zukunft vor sich hat, sollte er in die Gesellschaft investieren. Liegt der aktuelle Kurs aber deutlich über dem sogenannten "inneren Wert", so sollten die Aktien in weiterer Folge verkauft werden. Ist die Nachfrage größer als das tatsächliche Angebot, so steigt der Aktienkurs. Gibt es mehr Anleger, die die Aktien verkaufen, so wird der Kurs in weiterer Folge wieder abstürzen. Auch individuelle Unternehmenssituationen - so etwa die Gewinnentwicklung, die durch externe Einflüsse (politische oder wirtschaftliche Situationen) manipuliert werden kann - können den Aktienkurs beeinflussen. Selbst Trends, die in den einzelnen Branchen jederzeit möglich sind, haben einen Einfluss auf die Aktienpreise. Selbst die Stimmung der Aktionäre kann sich auf die Aktienkurse niederschlagen. Es gibt also viele Faktoren, die am Ende den Aktienkurs eines Wertpapiers bestimmen und in weiterer Folge nach oben klettern oder in den Keller fallen lassen. Können die vielen Einflussfaktoren sind mitunter auch dafür verantwortlich, dass nur wenige Anfänger auch wissen, auf welche Faktoren sie achten müssen, wenn sie sich für den Aktienhandel entscheiden. Damit jedoch die Wahrscheinlichkeit erhöht werden kann, dass der Aktienpreis mit der Zeit nach oben klettert, sollte sich der Anleger mit der Analyse der jeweiligen Aktie befassen. Das Ziel? Es sollten derart viele Informationen generiert und verarbeitet werden, sodass der Anleger weiß, ob er sich für die Aktie entscheiden soll oder nicht. Nur dann, wenn der Anleger die Hintergründe weiß und mitunter eine Ahnung hat, wie es in der Zukunft weitergehen wird, kann er eine fundierte Kauf- oder auch Verkaufsentscheidung treffen. Natürlich wäre ein "Universaltool" wünschenswert, jedoch ist dieses noch nicht im Handel erhältlich. Selbstverständlich gibt es ein paar Seiten, die mit "ganz sicheren Tools" arbeiten und diese auch anbieten - aber auch hier handelt es sich, wie etwa bei den "ganz sicheren Strategien", um Tools, die zwar hilfreich sein können, aber noch lange nicht garantieren, dass sich die Aktie in die richtige Richtung bewegt.

Dem Anleger stehen zwei Zugänge zur Verfügung, wie er in weiterer Folge eine Bewertung durchführen kann - einerseits gibt es die technische und andererseits die Fundamentalanalyse. Entscheidet sich der Anleger für die Fundamentalanalyse, so werden branchen- und unternehmensspezifische und auch gesamtwirtschaftliche Informationen herangezogen und für die weitere Kauf- oder mitunter Verkaufsentscheidung berücksichtigt. Da die technische Analyse eine grafische Beurteilung des aktuellen und bisherigen Kursverlaufs einer Aktie darstellt, ist hier der Chart von maßgebender Bedeutung. Er hat in weiterer Folge einen Einfluss auf die Entscheidung des Anlegers. Beide Analysen - also die technische oder die Fundamentalanalyse - sollen den Anlegern dabei helfen, dass sie am Ende Rückschlüsse ziehen können, ob sie die Aktie erwerben sollen oder nicht. Wichtig ist, dass zahlreiche Informationen gesammelt werden, die am Ende einen Einfluss auf die Kauf- oder Verkaufsentscheidung haben. Nur dann, wenn sämtliche Daten und Informationen berücksichtigt wurden, kann der Anleger auch vom Kauf oder Verkauf profitieren. Wer auf eine Analyse verzichtet und sich nur auf sein Bauchgefühl verlässt, der braucht am Ende extrem viel Glück, da es keine nachvollziehbaren Erklärungen gibt - hier zählt also nur das Bauchgefühl. Aktien sind jedoch - hier sind sich alle Experten einig - kein Glücksspiel. Das Bauchgefühl ist definitiv kein guter Begleiter oder auch Ratgeber.

Die Fundamentalanalyse

Einer Fundamentalanalyse liegt ein sogenanntes Wertkonzept zugrunde. Die Aussage? Was sich in letzter Zeit bewährt hat, wird natürlich auch in der Zukunft noch Bestand haben. Dieser Ansatz ist definitiv nicht falsch, wenn der Anleger unterscheiden will, ob es sich um ein bewährtes oder doch eher fragwürdiges Unternehmen handelt. Lohnt sich ein Investment in ein beständiges Unternehmen oder sollte lieber riskiert werden? Mit einer Fundamentalanalyse ist es möglich, dass ausgewählte Kennzahlen einen Überblick verschaffen, wie es um die Unternehmensbilanz steht. Das Ziel? Der innere Wert der Gesellschaft wird bestimmt. Liegt die Aktie also unter dem inneren Wert, so sollte diese in weiterer Folge erworben werden. Folgende Details dienen der Beurteilung, wenn die Frage geklärt werden soll, ob die Aktien einer Gesellschaft gekauft werden sollten:

Profitabilität/Erträge

Private Anleger entscheiden sich vorwiegend für das bereits erwähnte Kurs-Gewinn-Verhältnis - kurz: KGV. Dabei wird der aktuelle Kurs durch den zu erwartenden Gewinn der Gesellschaft geteilt. Der Wert, der sich durch diese Berechnung ergibt, sollte niedrig sein. Das Kurs-Umsatz-Verhältnis - kurz: KUV - gibt keinen Einblick über den aktuellen Kurs und somit über den Gewinn - hier wird der Umsatz berücksichtigt. Bei Unternehmensbilanzen werden in der Regel das EBITDA (der Gewinn vor Zinsen, Abschreibungen und Steuern) oder das EBIT (der Gewinn vor Steuern und Zinsen) berücksichtigt. So können die Erträge der Unternehmen verglichen werden, die jedoch verschiedene Bilanzierungsstandards verwenden. Jedoch werden derartige Berechnungen gerne von Experten kritisiert, da EBITDA und EBIT durchaus leicht manipuliert werden können. Selbst dann, wenn die Berechnungen ergeben, dass die Aktie empfehlenswert wäre, muss das nicht der Wahrheit entsprechen, wenn es im Vorfeld etwaige Manipulationen gab.

Die Finanzkraft

Das sogenannte Kurs-Buchwert-Verhältnis - kurz: KBV - drückt die Relation von Buchwert und Aktienkurs aus. Das KBV beschreibt also die Substanz des Unternehmens, wenn mitunter die Tatsache eintritt, dass es keinen Umsatz mehr erzielt. Mittels Eigenkapitalquote - kurz: EKQ - kann problemlos überprüft werden, wie unabhängig ein Unternehmen ist, wenn es kein Fremdkapital bezieht. Ist das Unternehmen finanziell stabil oder mitunter auf externe Geldgeber angewiesen, die dem Betrieb Leben einhauchen? Je höher die Eigenkapitalquote, desto niedriger die Verschuldung - das ist natürlich positiv, da das Unternehmen auf eigenen Beinen stehen kann. Das sogenannte Kurs-Cashflow-Verhältnis - kurz: KCV - kann ebenfalls herangezogen werden, wobei Privatanleger gerne darauf verzichten. Das ist jedoch ein Fehler! Das KCV verrät durchaus einige Informationen, die für den weiteren Verlauf des Aktienkurses von Bedeutung sind! Schlussendlich ist das KCV weniger anfällig für etwaige Manipulationen und präsentiert auch die tatsächlichen Geldflüsse der Gesellschaft. Um das KCV zu berechnen, muss der Aktienkurs in weiterer Folge durch den Cashflow geteilt werden.

Die Wachstumschancen

Die Wachstumschancen können nur ausgesprochen schwer von den Kennzahlen erfasst werden. Ein Indiz: Die Gesellschaft konnte in den letzten Jahren Umsatz und Gewinn steigern - der Anleger kann also davon ausgehen, dass diese Entwicklung anhält, sodass auch in naher Zukunft Gewinne steigen und somit ein noch höherer Umsatz erzielt werden kann. Natürlich gibt es auch innovative Branchen, die zwar gute Wachstumschancen haben, jedoch durchaus riskant sind. Dazu gehören etwa die Märkte für Elektromobilität, 3D-Drucktechnik oder auch Windenergie. Damit die Chancen und Gefahren auch für die Zukunft eingeschätzt werden können, sollte der Anleger nicht nur einzelne Firmen untersuchen - er sollte auch einen Blick auf die Konkurrenz werfen, die sich in derselben Branche befinden.

Die konjunkturellen und fiskalpolitischen Rahmenbedingungen

Es gibt auch die erweiterte Fundamentalanalyse - hier werden auch makroökonomische Aspekte berücksichtigt. Dabei finden vor allem die fiskalpolitischen und konjunkturellen Rahmenbedingungen Berücksichtigung.

Die Dividendenrendite

Die Dividendenzahlungen sind äußerst attraktiv, da hier die Unternehmen die Gewinnanteile an die Aktionäre ausschütten. Auch dieser Punkt wird gerne herangezogen, wenn der Anleger eine Fundamentalanalyse durchführt. Vor allem dann, wenn es sich um einen sicherheitsorientierten Anfänger handelt, der sich vorwiegend auf die Dividendenausschüttungen konzentriert, ist dieser Punkt von erheblicher Bedeutung.

Doch die Fundamentalanalyse steht auch immer wieder im Zeichen der Kritik. Das liegt an der Tatsache, dass nicht die Gesamtdynamik des Marktes berücksichtigt werden kann. Vor allem dann, wenn sich Anfänger mit der Fundamentalanalyse befassen, werden sie immer wieder feststellen, dass viele Aspekte einfach keinen Sinn ergeben. Für Bewegungen, die entgegen der Analyse aufgetreten sind, gibt es kaum Erklärungen, die im Zuge der Fundamentalanalyse auch Sinn machen. Aus diesem Grund ist es wichtig, dass immer wieder Ausstiegspunkte festgelegt werden, sodass der Anleger seinen Verlust mindern kann, wenn sich der Markt doch in die falsche Richtung bewegt. Selbst dann, wenn Kennzahlen berücksichtigt und Analysen durchgeführt wurden, kann nicht garantiert werden, dass es am Ende auch zu Gewinnen kommt.

Die technische Analyse

Die technische Analyse stützt auf die Tatsache, dass die Kapitalmärkte keinesfalls effizient sind und immer wieder für Überraschungen sorgen. Auch dann, wenn eine Rendite erwirtschaftet werden kann, so muss das nicht immer aufgrund von Kennzahlen oder Analysen möglich sein - am Ende spielt auch der Zufall eine nicht zu unterschätzende Rolle. Bei der technischen Analyse spielen grafische Beurteilungen die Hauptrolle. Viele Signale zeigen die Psychologie der Marktteilnehmer. Es gibt, wenn die technische Analyse durchgeführt werden soll, mehrere Elemente, die unbedingt berücksichtigt werden müssen.

Charttypen

Zu Beginn geht es um die Erstellung des Kursdiagramms. Dabei entscheiden sich die Anleger in der Regel um den Linienchart. Sehr beliebt ist auch der sogenannte Kerzenchart - Candlestick-Chart. Die Kerze wird durch einen Körper und einen Docht gebildet - der Körper ist die Spanne zwischen dem Eröffnungs- und dem Schlusskurs, der Docht ist die Bewegung, die darüber hinausgeht. Viele Charttechniker erkennen hier bereits mögliche Zukunftsszenarien, sodass die Aktie in weiterer Folge empfohlen werden kann - mitunter kann auch abgeraten werden.

Chartformationen

Die Idee? Bestimmte Konstellationen sorgen für bestimmte Bewegungen. Doppel- und auch Dreifachhochs sollen die Wende nach unten einleiten. Andererseits sorgen Doppel- und Dreifachtiefs für den gegenteiligen Effekt, sodass es zu einem Kursgewinn kommt. Diese Umkehr kann auch durch die sogenannte "Schulter-Kopf-Schulter"-Formation oder auch die Verwandlung des "V" in ein "U" signalisiert werden.

Charteinzeichnungen

Diverse Linienzeichnungen unterstützen die Analyse von Aktien. Die Kurse scheinen nämlich eine Art Erinnerungsvermögen zu besitzen. Das kann etwa durch die Psychologie der Aktionäre erklärt werden. So werden immer wieder Kurspreise erreicht, die in weiterer Folge eine Trendumkehr bedeuten.

Indikatoren

Zur Kursanalysen können auch weitere Indikatoren verwendet werden. Hier gibt es etwa eine Trendfolge wie auch MACD, gleitende Durchschnitte oder auch Oszillatoren wie Stochastik oder RSI. Des Weiteren stehen Indikatoren zur Verfügung, die die Volatilität messen und auch Indikatoren, die sich direkt auf die Stärke eines Trends konzentrieren.

Zeitintervalle

Der Candlestick-Chart präsentiert zu jeder Kerze ein Zeitintervall - so wird etwa eine Minute, eine Stunde oder auch ein ganzer Tag präsentiert. Das Zeitintervall wird entsprechend der Handelsfrequenz gewählt. Je kurzfristiger der Handel sein soll, desto kleiner wird die genutzte Zeiteinheit. Profis setzen dabei auf verschiedene Zeitintervalle, sodass sie ein stärkeres Signal erhalten.

Kritiker vertreten die Ansicht, dass die technische Analyse nur wenige objektive Daten heranzieht, die auch tatsächlich gemessen werden können. Fakt ist, dass es kaum harte Fakten gibt, an denen sich die Anleger in weiterer Folge orientieren können. Jedoch kann dahingehend argumentiert werden, dass es sich bei der Charttechnik um eine Prophezeiung handelt - je mehr sich die Teilnehmer danach richten, desto wahrscheinlich wird es auch, dass die Technik auch funktioniert.

Auf der Suche nach dem passenden Handelsplatz

Die Anlagestrategie wurde definiert und die Frage, welche Aktien gekauft werden sollen, wurde bereits beantwortet. Nun muss der Anleger die Aktien auch über die Plattform des Brokers suchen und in weiterer Folge erwerben. Hier benötigt er die sogenannte Wertpapierkennnummer (ISIN oder WKN) oder sucht die Gesellschaft nach Namen. Doch über welche Börse soll das Wertpapier gekauft werden? In Deutschland stehen die Frankfurter Börse, das XETRA-System der Frankfurter Börse und auch mehrere Regionalbörsen (so etwa Berlin, Düsseldorf, Stuttgart, Hamburg und München) zur Verfügung. Zahlreiche Wertpapiere können auch im außerbörslichen Direkthandel gekauft oder verkauft werden. Der Anleger spart sich also die Börsengebühren und auch die Maklercourtage. Aktien können heutzutage also über verschiedene Handelsplätze gehandelt werden. Das Prinzip ist denkbar einfach: Der Anleger stellt eine Preisanfrage für - beispielsweise - 30 Aktien einer bestimmten Gesellschaft. Der Handelspartner übermittelt den unverbindlichen Kauf- oder auch Verkaufspreis. Nun muss der Anleger schnell sein - die Kurse können sich sofort verändern, sodass nach wenigen Sekunden schon ein anderer Preis angeboten wird. Auch Optionsscheine und Zertifikate können direkt über die Bank gehandelt werden. Natürlich will sich der Anleger für den günstigsten Handelsplatz entscheiden. Am Ende sind mehrere Faktoren zu berücksichtigen, die den Handelsplatz teuer oder günstig werden lassen. So ist etwa die geplante Höhe des Investments von Bedeutung. Auch der Spread (Differenz zwischen An- und auch Verkaufskurs) und auch die Courtage (die Vermittlerprovision des Maklers) haben einen Einfluss. Handelt es sich um Standardwerte, so etwa um DAX-Aktien, so sind die Unterschiede kaum spürbar. Entscheidet sich der Anleger jedoch für Nebenwerte, so ist es wichtig, dass er diese zu einem marktgerechten Preis erwirbt oder verkauft. Entscheidet sich der Anleger für den außerbörslichen Direkthandel außerhalb der Börsenzeiten, so trägt der Direkthandelspartner ein recht hohes Risiko, sodass die Spreads regelmäßiger höher als etwa zu den regulären Börsenzeiten sind.

Anfängertipps

Wann sollen Aktien verkauft werden?

Ein Trader will schnelle Rendite erzielen, ein Anleger will langfristig in namhafte und auch erfolgreiche Gesellschaften investieren und ein Teil der Erfolgsgeschichte werden. Der Anleger, der einen langfristigen Anlagehorizont verfolgt, freut sich über Dividendenausschüttungen und ist zufrieden, wenn die Aktienkurse stabil bleiben. Dennoch muss sich auch der Anleger die Frage stellen, ab wann mitunter das Pferd gewechselt werden sollte - bleibt der Erfolg nämlich aus oder bewegt sich die Aktie in die falsche Richtung, so müssen auch langfristige Investments vorzeitig beendet und in weiterer Folge umgeschichtet werden. Der erfahrene Anleger will seine Gewinne laufen lassen und achtet darauf, dass die Verluste begrenzt werden. Fehler, die Anfänger gerne machen?

Der Aktienkurs steigt leicht - der Bestand wird sofort verkauft. Fällt der Aktienpreis in den Keller, so bleibt der Anleger stur und hofft, dass sich der Markt wieder erholt. Natürlich - Anleger brauchen Geduld und sollten nicht sofort verkaufen, wenn die Märkte in die andere Richtung gehen. Jedoch muss sich jeder Anleger die Frage stellen, ob es mitunter Hinweise gibt, dass das Investment keinesfalls mehr erfolgversprechend wird. Der Anleger sollte sich also an richtige Investoren-Legenden orientieren und im Vorfeld Informationen einholen, welche Aktien derzeit beliebt sind oder nicht. Zudem ist es wichtig, dass sich die Anfänger zu Beginn die Frage stellen, bei welchem Verlust die Notbremse gezogen wird oder welchen Gewinn man mit einer Aktie erzielen möchte. Nur dann, wenn im Vorfeld klare Grenzen gesetzt wurden, können Gewinne laufen gelassen und mögliche Verluste begrenzt werden.

Anleger sollten auch auf passive Investments und Fonds setzen

Der Anleger sollte auf passive Investments (Indexzertifikate oder ETF) oder auch auf Investmentfonds setzen. Vor allem dann, wenn das Vermögen langfristig aufgebaut werden soll, sind derartige Wertpapiere eine durchaus empfehlenswerte Alternative. Schlussendlich sind derartige Alternativen recht risikoarm - hier besteht eine doch sehr gute Streuung. Der erfahrene Anleger entscheidet sich aber nicht für irgendeinen Fonds, sondern vergleicht im Vorfeld die zur Verfügung stehenden Möglichkeiten. So achtet der Profi auf ein erfahrenes Fondsmanagement, führt einen Vergleich der zur Verfügung stehenden Fonds durch und wird auch Berechnungen anstellen, wie hoch das tatsächliche Risiko ist. Will der Anleger jedoch nur in einen Index - so etwa in den DAX - investieren, so kann er sich für Indexzertifikate oder auch ETF (Exchange Traded Funds) entscheiden. Diese bilden den Index 1 zu 1 nach - es gibt kein Fondsmanagement, sodass der Anleger geringere Kosten bezahlen muss, sodass es zu keiner gravierenden Schmälerung des Gewinns kommt.

Informationen einholen

Bevor sich der Anleger für Aktien einer Gesellschaft entscheidet, sollte er im Vorfeld Informationen über den Betrieb, die Konkurrenten und auch über die Branche einholen. Ratsam sind Firmenportraits, Kennzahlen, Berichte des Unternehmens, Analysen und auch die Beurteilungen der Analysten, Charts und auch aktuelle Nachrichten, die sich mit dem jeweiligen Unternehmen befassen. Nur dann, wenn der Anleger im Vorfeld Informationen einholt und auch mehrere Gesellschaften miteinander vergleicht, kann er am Ende auch sicher sein, warum er in das jeweilige Unternehmen investieren möchte.

Anleger sollten nur frei verfügbares Geld investieren

Tages- und Festgeldkonten sind derart unattraktiv, sodass der Anleger eine Alternative sucht. Natürlich sind Aktien interessant. Der Anleger sollte aber tatsächlich nur jene Beträge in Aktien investieren, auf die er in weiterer Folge auch verzichten kann. Einerseits sollte der Anleger keine Notverkäufe durchführen müssen, andererseits ist es wichtig, dass nicht das gesamte Vermögen in Aktien investiert wird. Schlussendlich sollte der Anleger nur dann seine Aktien verkaufen, wenn er am Ende einen Gewinn erzielt - die Aktien also einen guten Kurs erreicht haben. Zudem raten Experten, dass nur 20 Prozent des Vermögens in Aktien investiert werden sollten. Aktien sind - auch dann, wenn der Anleger Informationen einholt und zahlreiche Tipps und Tricks berücksichtigt - riskant. Die größte Gefahr? Der Anleger erleidet einen Totalverlust. Das heißt, dass das Geld, das in Aktien investiert wurde, verloren ist.

Aufträge limitieren

Böse Überraschungen sind möglich, können jedoch durchaus verhindert werden. Wie das möglich ist? Die Order müssen limitiert werden. Der Anleger sollte sich also im Vorfeld für einen Höchstkurs und auch für einen Mindestkurs entscheiden - erreicht die Aktie den Höchstkurs, so wird sie verkauft; landet die Aktie auf dem Mindestkurs, so wird sie in weiterer Folge ebenfalls verkauft. Der Anleger kann also hohe Verluste verhindern.

Der Anleger sollte sich Rendite-Ziele setzen

Will der Anleger einen Teil seines Geldes ansparen und entscheidet sich für ein Sparbuch, so weiß er bereits am ersten Tag, wie hoch der Zinssatz ist. Somit kann er im Vorfeld ausrechnen, wie hoch die Zinserträge nach einem Jahr, nach zwei Jahren oder nach fünf Jahren sein werden. Auch wenn die Aktien nicht mit einem Fixzinssatz ausgestattet sind, so sollte sich der Anleger dennoch im Vorfeld überlegen, welchen Gewinn er erzielen wird. Dabei sind nicht nur die einzelnen Aktien zu berücksichtigen - der Anleger sollte sich auch die Frage beantworten, wie hoch der jährliche Gewinn des gesamten Depots sein soll. Natürlich kann es vorkommen, dass das Ziel nicht sofort im ersten Jahr erreicht wird. Selbst Profis, die schon seit Jahren in Aktien investieren, müssen nicht immer ihre Ziele erreichen. Schlussendlich gibt es immer wieder unvorhergesehene Ereignisse, die die Märkte in die falsche Richtung bewegen können.

Sollte der Anfänger auf Finanzexperten hören?

Anfänger sind immer wieder unsicher und wissen nicht, ob ihre Entscheidungen tatsächlich richtig sind. Fakt ist: Es gibt keine richtigen oder falschen Entscheidungen - wer die Tipps und Tricks berücksichtigt und sich für Aktien eines Unternehmens entscheidet, der wird am Ende sehr wohl genügend Gründe haben, warum er in die Gesellschaft investieren möchte. Bankberater oder Finanzexperten, die immer wieder Tipps und Tricks geben, wollen natürlich helfen, wobei das nicht bedeutet, dass sie auch immer Recht behalten. Schlussendlich müssen die Bankberater und Finanzexperten auch Vorgaben und Quoten erfüllen, sodass mitunter riskante Aktien empfohlen werden, die - so die Berater - aber "sehr sicher" sind. Auch "heiße Tipps", die sich im Internet finden, müssen nicht immer zum Erfolg führen. Auch Aktien für Anfänger, die garantiert für Gewinne sorgen, gibt es nicht.

Der Anfänger sollte sich zu Beginn für ein Demokonto entscheiden

Viele Broker bieten kostenlose Demokonten an. Der Anleger

kann sich zuerst mit der Materie vertraut machen, muss kein echtes Geld einsetzen und kann die Märkte beobachten. Demokonten sind ideal, wenn sich der Anleger noch unsicher ist oder sich erst mit der Plattform des Brokers vertraut machen möchte.

Kostenfreie Bonusinhalt:

Sie können unter **www.investmentacademy.at/bonus** kostenfreie Bücher herunterladen die die Inhalten dieses Buches ideal ergänzen!

Teil 2:
ETFs für Beginner

Schritt für Schritt mit ETFs und Fonds einen langfristigen Vermögenszuwachs generieren - Ein Anfänger Buch mit dem Sie einfach Geld anlegen, sparen & langfristig investieren lernen

Einführung

Haben Sie sich schon einmal mit den aktuellen Zinssätzen auseinandergesetzt, die die Banken für traditionelle Finanzprodukte anbieten? Sie werden schnell feststellen, dass die Produkte, die heutzutage angeboten werden, keinesfalls attraktiv sind. Das ist wohl auch der Grund, warum sich in Deutschland zwei Lager gebildet haben - einerseits geben die Deutschen heute mehr Geld als je zuvor aus, weil sie das Geld nicht mehr anlegen wollen, andererseits gibt es auch jene Anleger, die auf der Suche nach einer Alternative sind. Doch welche Alternativen sind empfehlenswert? Gibt es tatsächlich Alternativen für sicherheitsorientierte Anleger oder sind die alternativen Veranlagungsformen nur für waghalsige und extrem risikofreudige Anleger gedacht?

Eine Alternative stellen die sogenannten ETF-Fonds dar. Doch können auch Anfänger, die sich noch nie zuvor mit der Materie befasst haben, Gewinne verbuchen? Ja. Sofern Sie sich für diesen Ratgeber entscheiden. "ETFs für Beginner: Schritt für Schritt mit ETFs und Fonds einen langfristigen Vermögenszuwachs generieren" ist der perfekte Einsteiger-Guide für Ihre Vermögensvermehrung!

Welche Informationen dürfen Sie erwarten, wenn Sie sich für den Ratgeber "ETFs für Beginner: Schritt für Schritt mit ETFs und Fonds einen langfristigen Vermögenszuwachs generieren" entscheiden?

Sie werden wissen, was sogenannte ETFs sind, was thesaurierende, offene oder geschlossene Fonds sind, welche Vorteile auf Sie warten und welche Risiken bestehen. Der Ratgeber "ETFs für Beginner: Schritt für Schritt mit ETFs und Fonds einen langfristigen Vermögenszuwachs generieren" befasst sich nämlich nicht nur mit den Sonnenseiten und den möglichen Gewinnen; er geht auch in die Tiefe und verrät Ihnen, ob Ihr veranlagtes Kapital tatsächlich immer wachsen wird oder ob mitunter auch Tiefschläge möglich sind.

Sie werden erfahren, wie Sie Ihr Vermögen - auf ganz einfache Art und Weise - vermehren können und erhalten auch Informationen über Fonds, die von renommierten Ratingagenturen bewertet und empfohlen wurden.

Wenn Sie einen Ratgeber suchen, der sich mit der Thematik ETFs für Beginner befasst, dann haben Sie mit "ETFs für Beginner: Schritt für Schritt mit ETFs und Fonds einen langfristigen Vermögenszuwachs generieren" den richtigen Begleiter für die zukünftige Vermögensvermehrung gefunden. Wenn Sie Ihr Geld investieren wollen, dann nutzen Sie auch die Schritt-für-Schritt-Anleitung. Sie werden feststellen, dass es gar nicht so schwer ist, wenn sie Ihr Geld anlegen wollen. Denken Sie immer daran, dass ETFs für Anfänger und Profis sind und auch Profis, die heutzutage so tun, als würden sie alle Tipps und Tricks kennen, auch einmal Anfänger waren.

Ja, auch die heutigen Experten, die vielleicht schon wirklich hohe Gewinne lukrieren konnten, haben zu Beginn mit einem Ratgeber gearbeitet.

Wenn Sie sich für den Ratgeber "ETFs für Beginner: Schritt für Schritt mit ETFs und Fonds einen langfristigen Vermögenszuwachs generieren" entscheiden, dann haben Sie den perfekten Begleiter an Ihrer Seite. Erfahren Sie Hintergrundinformationen, freuen Sie sich über Tipps und Tricks und genießen Sie den Erfolg, wenn Sie die Schritt-für-Schritt-Anleitung befolgen - es ist nun endlich an der Zeit, dass Ihr Geld für Sie arbeitet. Nutzen Sie diese Gelegenheit und freuen Sie sich über hohe Rendite. In dem Ratgeber "ETFs für Beginner: Schritt für Schritt mit ETFs und Fonds einen langfristigen Vermögenszuwachs generieren" finden Sie auch Beispiele aus der Vergangenheit, warum ETF-Fonds sehr wohl zu empfehlen sind, wobei Ihnen auch fiktive Beispiele zeigen sollen, weshalb ETF-Fonds auch für die Zukunft empfohlen werden können.

Wir wünschen viel Vergnügen beim Lesen

Ihr **Investment Academy** Team

Die schwerwiegendsten Anlagefehler

Aktien, ETFs, Anleihen, Rohstoffe - extrem riskant! Wer sein Geld in Aktien oder Fonds investiert, der kann es gleich aus dem Fenster werfen. Derartige Aussagen, die immer wieder die Runde machen, stammen vorwiegend von Personen, die sich noch nie mit den sogenannten "alternativen Veranlagungsformen" befasst haben. Gerade heutzutage sind derartige Alternativen aber so sinnvoll wie noch nie. Doch sind die "alternativen Veranlagungsformen" tatsächlich so gefährlich? Wäre es mitunter ein gravierender Anlagefehler, wenn man den traditionellen Bankprodukten den Rücken kehrt und sich für Veranlagungen entscheidet, die eine höhere Rendite versprechen, jedoch eine Spur "riskanter" sind? Nein! Doch was ist der tatsächlich schwerste Fehler, den ein Anleger begehen kann? Er investiert in Produkte, die keine Gewinne mit sich bringen.

Aktuell befinden wir uns in einer recht schwierigen Zeit. Aufgrund der Tatsache, dass das Weltfinanzsystem schon seit Jahren angeschlagen ist, ist es für den gewöhnlichen Sparer extrem schwer geworden, wenn er mit seinem Vermögen irgendwelche Gewinne erwirtschaften möchte. Die klassischen Finanzprodukte - so etwa Sparbücher, Festgeld- oder Tagesgeldkonten - sind nicht mehr empfehlenswert. Die Zinssätze belaufen sich für derartige Veranlagungen zwischen 0,025 Prozent und maximal 0,75 Prozent. Die Niedrigzinsphase, die schon seit Jahren besteht, hat natürlich extreme Auswirkungen: Während sich die Kreditnehmer freuen, da Kredite so günstig wie noch nie sind, leiden die Sparer unter der Tatsache, dass es keine attraktiven Konditionen mehr gibt. Der größte Nachteil für den Sparer? Die Inflation frisst die Ersparnisse auf. Doch glücklicherweise gibt es auch noch andere Möglichkeiten, wie der Privatanleger sein Vermögen vermehren kann.

Die Niedrigzinsphase - Fluch oder Segen?

Doch was waren die Gründe für die Entstehung der sogenannten Niedrigzinsphase? Zwischen den Jahren 2007 und 2009 erschütterte die Banken- und auch Finanzkrise die Welt; die internationale Wirtschaft schien derart überrascht zu sein, dass diverse Bankhäuser und Regierungen gar nicht mehr reagieren konnten. Am Ende kam es nur zu Aktionen, die schlimmere Auswirkungen verhinderten: Die Zentralbanken begannen mit Leitzinssenkungen - nicht nur die EZB, die Europäische Zentralbank, senkte den Leitzinssatz. Auch die Zentralbanken in Großbritannien, Japan und Amerika korrigierten den Leitzinssatz und sorgten somit für den Beginn der Niedrigzinsphase. Schlussendlich ist die Zinsgestaltung eine der wesentlichsten Aufgabe, die eine Notenbank erfüllen muss. Kommt es zum Wirtschaftswachstum, so kommt es automatisch zu einer Zinserhöhung, sodass es zu keiner Überhitzung der Konjunktur kommt. Herrschen wirtschaftlich eher schwache Zeiten, so werden die Zinsen gesenkt, damit etwaige Folgen des bestehenden Tiefs begrenzt werden können. Dabei sind Ausmaß und Dauer aktuellen Niedrigzinsphase jedoch beispiellos: Seit dem Jahr 2008 ist der Leitzinssatz der EZB kontinuierlich nach unten korrigiert wurden; zu Beginn lag der Leitzinssatz bei 4,25 Prozent, heute liegt er bei 0 Prozent. Der Einlagensatz, der von Geschäftsbanken bezahlt wird, sofern sie die überschüssigen Gelder direkt bei den Notenbanken parken, liegt bei -0,4 Prozent! Doch ein weiterer Grund, warum die Niedrigzinsphase bereits seit Jahren anhält, ist die Staatsverschuldung. Zahlreiche Länder kämpfen mit einer extrem hohen Verschuldung; für diese Schulden, die bei anderen Ländern bestehen, müssen natürlich ebenfalls Zinsen bezahlt werden. Somit kommt es zu extremen finanziellen Belastungen, wenn die Länder, die eine hohe Verschuldung haben, zudem noch hohe Zinsen bezahlen müssen. Die Niedrigzinsphase hat beispielsweise dazu geführt, dass das Land Deutschland - nur im Jahr 2015 - 43 Milliarden Euro weniger an Zinsen zahlen musste.

Doch natürlich gibt es nicht nur Vorteile - die Auswirkungen der Niedrigzinsphase treffen natürlich vor allem die Sparer und Anleger. Immer wieder erinnern sich die Anleger an die Zeit vor dem

Jahr 2007 zurück - damals gab es noch Zinssätze zwischen 3,5 und 5,5 Prozent für festverzinsliche Wertpapiere, Staatsanleihen oder auch Sparbriefe. Selbst für Tages- oder Festgeldkonten wurden Zinssätze zwischen 2,0 oder 3,5 Prozent gewährt. Heutzutage sind derartige Zinssätze kaum noch vorstellbar.

Natürlich interessieren sich nun immer weniger Menschen für Veranlagungen, weil das Geld sowieso nicht vermehrt werden kann. Die Folgen? Die Menschen verzichten auf Sparformen und investieren ihr Geld lieber in Güter. Zudem verwirklichen sich auch viele Deutsche den Traum vom Eigenheim. Auch die Kredite sind - aufgrund der niedrigen Zinsen - so günstig wie noch nie zuvor. Doch die Tatsache, dass das Geld immer mehr in Immobilien fließt, sorgt für ein weiteres Problem. Die Objekte werden immer teurer; einerseits steigen die Grundstückspreise, andererseits natürlich auch die Mietvorschreibungen. Viele Experten sind der Meinung, dass sich gerade eine Immobilienblase bildet, die gravierende Folgen mit sich bringen könnte.

Auch wenn es bereits ein paar Zentralbanken gibt, die eine Trendumkehr möchten, so scheint es wohl noch Jahre zu dauern, bis die Niedrigzinsphase beendet werden kann. Selbst Mario Draghi, der Chef der Europäischen Zentralbank, ist der Meinung, dass es bis zum Jahr 2019 keine Zinserhöhung geben wird. Was das bedeutet? In den kommenden Jahren brauchen die Anleger, sofern sie ihr Geld sinnvoll investieren möchten, Alternativen.

Gibt es für die sicherheitsorientierten Anleger auch Alternativen zu Festgeld- oder Tagesgeldkonten?

An der Börse gibt es Alternativen. Keine Angst - man muss nicht automatisch zum waghalsigen Spekulanten werden, wenn man sein Geld an der Börse vermehren möchte. Wer nicht binnen einer Woche zum Millionär werden möchte, der kann sein Geld stressfrei anlegen und sich am Ende über eine ordentliche Rendite freuen, die weit über 2 Prozent liegen kann und auch wird. Wer jetzt denkt, warum er an der Börse keine Millionen machen kann, der kann beruhigt werden - natürlich ist es möglich, jedoch ist das Risiko derart hoch, dass die Wahrscheinlichkeit höher ist, am Ende einen Totalverlust zu erleiden.

Doch wie ist es möglich, dass man an der Börse einen risikoarmen Vermögensaufbau erlebt? Immer wieder liest man von extremen Kursschwankungen, von Totalverlusten oder zumindest derart gravierenden Kursabstürzen, sodass sogar ganze Existenzen zerstört werden. Das Zauberwort: ETF. ETFs können - wie auch Aktien von börsennotierten Unternehmen - gekauft und verkauft werden. Zudem muss man, wenn man in ETFs investiert, auch keine hohen Summen aufs Spiel setzen. Am Ende sind gerade einmal 50 Euro/Monat (oder auch nur 25 Euro/Monat) ausreichend, damit es zu einer Vermehrung des Kapitals kommt (siehe das Kapitel: "Was sind ETFs? ").

Aufgrund der Tatsache, dass Sie gerade dieses Buch lesen, haben Sie schon den ersten Schritt in die richtige Richtung gesetzt. Leider beschäftigen sich nur die wenigsten Deutschen mit ihrem Geld. Viele leben von ihrem monatlichen Einkommen, das nahezu 1 zu 1 in Konsumgüter fließt - nach Abzug der Miete, der Betriebskosten und der sonstigen Ausgaben (Versicherungen, Einkäufe und dergleichen) wird der Rest des Einkommens ebenfalls ausgegeben. Das ist auch der Grund, warum viele Deutsche über keine Ersparnisse verfügen. Ein Problem, das sich erst in den kommenden Jahren manifestieren wird. Denn wer heutzutage nicht an die Zukunft denkt und das Geld 1 zu 1 ausgibt, der muss sich bewusst sein, dass er wohl - wenn er nicht rechtzeitig reagiert - jener Deutscher werden wird, den die Altersargument besonders hart treffen kann, weil die Rente nicht ausreicht, um den Lebensstandard zu halten, der während der Berufslaufbahn geschaffen wurde. Wer dann doch sein Geld anlegt, damit er - zumindest aus finanzieller Sicht - einen ruhigen und entspannten Lebensabend genießen kann, der wird feststellen müssen, dass ihm extrem viel Geld durch die Finger fließt, sofern er sich für traditionelle Produkte entschieden hat. Denn auch Lebensversicherungen oder Rentenvorsorgeprodukte sind heutzutage kaum noch empfehlenswert, weil es am Ende zu keinen Gewinnen kommt.

Der größte Anlegefehler? Man spart nicht. Der zweitgrößte Anlagefehler? Man entscheidet sich für Produkte, die keine Gewinne mit sich bringen.

Nur jene Personen, die viel Geld haben, können auch in alternative Veranlagungen investieren - richtig oder falsch?

Immer wieder hört man, dass man nur dann Geld anlegen kann, wenn man auch Geld besitzt. Das ist jedoch nicht richtig. Auch geringe Summen können investiert werden (siehe das Kapitel: "Direktinvestment oder Sparplan? "). Wer dann etwas Geld hat, der entscheidet sich für ein Tages- oder Festgeldkonto, weil es hier kein Risiko gibt. Das mag zum Teil auch richtig sein. Derartige Produkte sind extrem sicher, haben jedoch den Nachteil, dass sie auch keine Gewinne versprechen. Wer sich über einen Zinssatz in der Höhe von 0,25 Prozent freut, obwohl die Inflation bei 1,2 Prozent liegt, muss sich bewusst sein, dass seine Ersparnisse regelrecht aufgefressen werden. Am Ende gibt es also kaum einen Unterschied zu einer Nichtveranlagung - es spielt also fast keine Rolle, ob das Geld unter dem Bett liegt oder am Tagesgeldkonto aufgehoben wird. Wer sich für einen kostenpflichtigen Tagesgeldkonto-Anbieter entscheidet und somit auch noch Gebühren für das Konto entrichten muss, der erleidet sogar noch einen größeren Nachteil. Schlussendlich frisst die Inflation einerseits am Ersparten, andererseits nagen auch die Gebühren am Ersparten. Wer also am Ende des Jahres 1.000 Euro gespart hat, der muss davon ausgehen, dass er - durch den realen Geldwertverlust und die Kosten für das Konto - nur noch rund 950 Euro besitzt.

Es hat sich in den letzten Jahren ein falsch verstandenes Sicherheitsgefühl entwickelt, das die Deutschen in eine Sackgasse manövrierte. Schlussendlich sind auch sogenannte ETFs-Fonds sicher, die Gewinnchancen sind aber deutlich höher (siehe das Kapitel: "Die Vor- und Nachteile"). Das Problem? Wer den Begriff Börse hört, der denkt automatisch an Misserfolge, an Verluste und auch an die Tatsache, dass es zu einer systematischen Geldvernichtung kommt. Doch warum denken die Deutschen in diese Richtung?

Einerseits liegt es an dem Umstand, weil sie sich noch nicht mit dem Thema befasst haben, andererseits an der Tatsache, weil sie - aufgrund des Desinteresses - auch nicht die Materie verstehen.

Wer denkt, dass die Börse gefährlich ist, hat sich noch nie mit den Vor- und Nachteilen auseinandergesetzt!

Natürlich gibt es Anleger, die ihr Geld in Produkte investieren und am Ende feststellen, dass sie einen Großteil (oder womöglich das gesamte Kapital) verloren haben. Genau derartige Geschichten sind es auch, warum dann viele Privatanleger ihr Geld auf Fest- oder Tagesgeldkonten bunkern. Doch niemand fragt, warum der Anleger sein Geld verloren hat. Die Gründe sind vielfältig, wobei in der Regel davon ausgegangen werden kann, dass der Anleger das Produkt, für das er sich schlussendlich entschieden hat, nicht verstanden hat. Er investierte also in ein Geschäft, das zwar hohe Gewinne versprach, jedoch auch riskant war - am Ende hätte die Sache natürlich auch anders ausgehen können, doch oftmals entscheidet man sich für den falschen Weg, wenn man die Hintergründe nicht kennt. Man lässt sich von Emotionen leiten und wittert den großen Gewinn. Das Risiko? Nebensache. "Es wird schon nichts passieren." Doch der Anleger, der schon im Vorfeld Informationen eingeholt hat und sich mit den unterschiedlichen Kennzahlen befasste, der hat den möglichen "Niedergang" schon vor dem Investment erkannt. Zudem gibt es auch zahlreiche "schwarze Schafe", die Produkte anbieten, weil sie durch den Abschluss eine hohe Provision erhalten. Genau deshalb ist es auch ratsam, wenn im Vorfeld Informationen eingeholt werden, sodass man sich nicht nur auf Dritte verlasen muss. Immer wieder kommt es vor, dass Finanzberater vorwiegend auf die eigenen Provisionszahlungen achten und gar nicht im Sinne des Anlegers agieren.

Sie wollen nicht mehr von den Produkten Ihrer Bank abhängig sein, möchten Ihr Vermögen vermehren und sich am Ende über hohe Gewinne freuen. Doch Sie wissen, dass jede Veranlagung auch ein Risiko mit sich bringt. Genau deshalb werden Sie auch im Vorfeld Informationen einholen, damit Sie die möglichen Risiken reduzieren können (sieh das Kapitel: "Der Aufbau des Vermögens - eine Schritt-für Schritt-Anleitung).

Genau deshalb ist es wichtig, dass sich Anleger, die auf der Suche nach alternativen Finanzprodukten sind, auch mit der jeweiligen Materie befassen. Das ist wohl auch der Grund, warum Sie gerade dieses Buch lesen.

Was sind ETFs?

Spricht man von einem ETF ("Exchange Traded Fund"), so handelt es sich in erster Linie um ein Finanzprodukt, mit dem Geld verdient werden kann. Doch natürlich kann der Anleger - wie auch bei anderen Finanzprodukten - auch Geld verlieren. Die Besonderheit dieses Finanzproduktes? ETFs kann man, wie etwa auch Aktien, ganz normal an der Börse kaufen oder auch verkaufen. Der Handel ist also flexibel und extrem transparent - das unterscheidet ETF-Fonds auch von klassischen Investmentfonds. Doch es gibt noch weitere Charaktereigenschaften, die nicht ignoriert werden dürfen: In der Regel handelt es sich um Indexfonds, das heißt, dass die ETFs die Kursentwicklungen eines Index nachbilden. Investiert der Anleger also in einen DAX-ETF, so wird er dieselbe Performance wie der deutsche Leitindex erzielen (siehe das Kapitel: "Auf der Suche nach dem passenden Fonds").

Ein Beispiel, um zu verstehen, warum ETFs so besonders sind: Orientiert sich der Indexfonds am deutschen Leitindex DAX und dieser steigt um 4,5 Prozent, so steigt auch der ETF um 4,5 Prozent - verliert der DAX jedoch 2 Prozent, so verliert auch der ETF 2 Prozent.

Aufgrund der Tatsache, dass sich die ETFs auf einen Index beziehen, sind sie passiv gemagate Fonds. Das bedeutet, dass der Fondsmanager in erster Linie die Aufgabe hat, dass er dieselbe oder eine ähnliche Wertentwicklung beim jeweiligen ETF erreichen muss. Das ist auch der Grund, warum die Anleger nur geringere Fondsmanagementgebühren bezahlen müssen. Investmentfonds sind in der Regel aktiv geführt - der Fondsmanager muss also eigene Anlageentscheidungen treffen, sodass er eine hohe Performance erreicht.

ETFs sind also nichts anderes als börsengehandelte Indexfonds, die in der Regel einen marktbreiten Index abdecken. Im Jahr 1976 wurde in den Vereinigten Staaten von Amerika der erste Indexfonds aufgelegt ("Vanguard S&P 500"). Dieser sollte ein breiteres Publikum ansprechen und dazu führen, dass sich noch mehr Menschen für die Börse interessieren. Der "Vanguard S&P 500", ein klassischer Pensionsfonds, in dem sich die Altersvorsorgen von Millionen Menschen befanden, wurde zu Beginn noch von den Experten verspottet - viele "Insider" gaben dem Produkt keine Chance, sich tatsächlich am Markt halten zu können (siehe das Kapitel: "Sind Indexfonds eine bessere Alternative? ").

Die Besonderheit von ETFs? Sie erreichen immer nur den Marktdurchschnitt. Genau deshalb waren sie lange Zeit auch wenig attraktiv und wurden von den Finanzexperten als "langweilig" wahrgenommen. Viele Fondsmanager waren der Ansicht, sie könnten die Durchschnittsergebnisse problemlos durch eine Auswahl von bestimmten Wertpapieren übertreffen und deutlich bessere Ergebnisse erzielen. Doch Jahre später war klar, dass diese Meinung nicht der Realität entsprach - auch zahlreiche Studien haben belegt, dass das genaue Gegenteil der Fall ist: Nicht einmal mit den besten Methoden und den vielversprechendsten Strategien ist es möglich, dass man dauerhaft besser als der Markt ist (siehe das Kapitel: "Sind Indexfonds eine bessere Alternative? "). An den Finanzmärkten gilt nämlich ein ungeschriebenes Gesetz: Wer das Ziel hat, immer besser als der Markt sein zu wollen, der muss auch ein immer ein höheres Risiko eingehen - es ist de facto unmöglich, den Markt langfristig zu überlisten.

Genau diese Erkenntnis machen sich auch die ETF-Anleger zunutze - sie wollen also gar nicht besser als der Markt sein. Die ETFs präsentieren nur den Markt und erreichen so eine durchschnittliche Wertentwicklung. Auch wenn der amerikanische Pensionsfonds "Vanguard S&P 500" zu Beginn noch belächelt und nicht ernst genommen wurde, so war es genau diese Philosophie, die dazu führte, dass großartige Erfolge gefeiert werden konnten. Natürlich waren die dokumentierten Erfolge nur der Anfang einer langen Reise. Auch in Europa wurde man neugierig und beobachtete das Geschehen in den USA. Doch es dauerte Jahre, bis auch in Europa die ersten Indexfonds eine ordentliche Kraft entwickeln konnten. Erst mit den 1990er Jahren wuchs die Zahl der Indexfonds; der endgültige Durchbruch kam erst nach dem Jahr 2000.

Doch bei den ETFs handelt es sich nicht nur um börsengehandelte Fonds - schlussendlich finden sich ja auch Investmentfonds an der Börse. ETFs sind also immer börsengehandelte Indexfonds. Doch warum entscheiden sich immer mehr Anleger für ETFs? Vor allem liegt es an den günstigen Gebühren. Während ein gewöhnlicher Investmentfonds oft mit einer Managementgebühr zwischen 1 und 2 Prozent belastet ist, müssen Anleger, die sich für den börsengehandelten Indexfonds entscheiden, keinesfalls derartige Gebühren bezahlen. In der Regel belaufen sich die Gebühren zwischen 0,1 und maximal 0,2 Prozent (siehe das Kapitel: "Der Aufbau des Vermögens - eine Schritt-für-Schritt-Anleitung/Zu Beginn folgt die Überprüfung der Gebühren").

So helfen ETFs einerseits bei der Kostenreduktion, andererseits verfolgen sie auch eine äußerst transparente Anlagestrategie. Vor allem sind es die Kosten, die für die Anleger besonders interessant sind. Nachdem zwei Krisen im vergangenen Jahrzehnt den Markt erschütterten, begannen sich auch die Anleger zu fragen, wie teuer diverse Fonds tatsächlich sind. Das erschütternde Ergebnis der damaligen Überprüfungen? Viele Investmentfonds waren extrem teuer. Die Folgen? Zahlreiche Anleger stießen die Investmentfonds ab. Es kam praktisch zum Ende der traditionellen Investmentfonds und zum Beginn der ETFs. Plötzlich waren ETFs eine empfehlenswerte Alternative geworden. Es waren vor allem die geringen Kosten, die Flexibilität und auch die Handelsvolumina, die immer mehr Anleger ansprachen. Des Weiteren sind die Wertpapiere im ETF im Besitz des Anlegers - es handelt sich dabei um ein geschütztes Sondervermögen. Selbst dann, wenn die Bank zahlungsunfähig wird, bleiben die Wertpapiere im Besitz des Anlegers, da diese keinen Teil der Insolvenzmasse darstellen (siehe das Kapitel: "Was sind ETFs?/

Die Fondsgesellschaft meldet Insolvenz an - was passiert mit dem Kapital? "). Somit ist es auch keine Überraschung, dass in den letzten Jahren immer mehr Anleger ihr Geld in ETFs investierten. Auch innerhalb Europas - vor allem auch in Deutschland - wurden ETFs immer beliebter. Heute gibt es - nur innerhalb Deutschlands - Hunderte von ETFs.

Zu beachten ist natürlich die passive Investmentphilosophie. Hier sucht man nicht nach der besten oder gar gewinnträchtigsten Aktie - man begnügt sich immer nur mit dem Marktdurchschnitt. Wer ETFs kaufen möchte, der benötigt nur ein Wertpapierdepot. So besitzen ETFs - wie auch Aktien, Anleihen oder auch Publikumsfonds - eine ISIN und eine Wertpapierkennnummer (WKN). Mittels ISIN und WKN können ETFs eindeutig identifiziert werden. Es genügen am Ende nur wenige Klicks, damit man sein Geld in ETFs investieren kann. Der Kauf erinnert dabei an den Erwerb einer Aktie. Der Anleger sucht sich ein ETF aus, gibt den Handelsplatz ein und schickt die Order ab. Fertig.

Physische replizierende ETFs

Im Zuge der "Full-Replication-Methode" werden alle Bestandteile des Index mit einer entsprechenden Gewichtung im Sondervermögen gehalten. Somit ist der "Tracking Error" - also die Abweichung vom tatsächlichen Vergleichsindex - äußerst gering. Jedoch stößt die Methode bei zahlreichen Indizes - wie etwa dem S&P 500 - auf praktische Grenzen; die Transaktionskosten wären für rund 500 Aktien extrem hoch. Genau deshalb arbeiten ETFs mit sogenannten "Samplingmethoden", sodass sie nur eine Teilmenge für das Sondervermögen kaufen - dabei handelt es sich in der Regel um die Werte mit der höchsten Liquidität oder dem höchsten Gewicht. Beim "optimized sampling" hält hingegen der ETF fast alle Aktien, die sich im Vergleichsindex (also dem Originalindex) befinden. Damit zusätzliche Einnahmen lukriert werden können, werden die entsprechenden Wertpapiere am Kapitalmarkt - bei täglichem Ausgleich und gegen Besicherung - verliehen.

Synthetische ETFs

Der ETF-Anbieter lässt sich die Entwicklung des Index über einen Tausch mit der Bank zusichern ("Swap"). Er hält ein ETF-Portfolio mit Aktien von großen und renommierten Unternehmen. Die Bank und der ETF-Anbieter gleichen die entstehenden Differenzen aus, die im Zuge der Wertentwicklung auftreten können. Da es sich um Tauschgeschäfte handelt, können die ETF-Anbieter die Index-Entwicklung kostengünstiger nachbilden. Zu beachten ist, dass die Tauschgeschäfte oft auch durch Staatsanleihen besichert sind.

Privatanleger interessieren sich in der Regel für die physisch replizierenden ETFs. Sie wirken - zumindest auf den ersten Blick - risikoärmer (siehe das Kapitel: "Die Vor- und Nachteile"). Zahlreiche Experten vertreten sogar die Meinung, dass physisch replizierende ETFs überhaupt kein Risiko mit sich bringen. Das stimmt jedoch nur zum Teil. Verluste sind etwa möglich, wenn die Bank vor der Insolvenz verabsäumt hat, die Sicherheiten zu erhöhen.

Thesaurierende ETFs

Werden aus den Aktien Dividenden erzielt, so fließen diese in die Veranlagung - es kommt somit zur Wiederveranlagung und nicht zur Ausschüttung an den Anteilsnehmer. Zu beachten ist, dass bei physisch replizierenden Fonds aber dennoch die sogenannte Abgeltungssteuer durch den Anleger bezahlt werden muss. Ein gravierender Unterschied zu den synthetisch thesaurierenden Fonds - hier ist keine Abgeltungssteuer durch den Anleger zu entrichten. Zu berücksichtigen sind aber die zukünftigen Entwicklungen: Noch im Jahr 2018 soll das Investmentsteuergesetz reformiert werden - in weiterer Folge kommt es zu einer einheitlichen Besteuerung, sodass auch jene Anleger eine Abgeltungssteuer entrichten müssen, die sich für einen synthetisch thesaurierenden Fonds entschieden haben (siehe das Kapitel: "Der Aufbau des Vermögens - eine Schritt-für-Schritt-Anleitung/Die Besteuerung").

Ausschüttende ETFs

Die Dividenden werden an die Anleger ausgeschüttet; eine Wertsteigerung ist nur möglich, wenn es auch zu Kursgewinnen kommt. Die Abgeltungssteuer wird direkt aus den Dividendenzahlungen bezahlt. Beläuft sich der Gewinn noch auf unter 800 Euro, so ist keine Steuer zu entrichten.

Die Fondsgesellschaft meldet Insolvenz an - was passiert mit dem Kapital?

Ein Zertifikat entspricht - zumindest aus rechtlicher Sicht - einer Schuldverschreibung. ETFs sind jedoch ein Sondervermögen - dieses wird getrennt vom Vermögen der Verwaltungsgesellschaft aufbewahrt. Muss die Fondsgesellschaft also Insolvenz anmelden, so hat das kaum Auswirkungen auf den Anleger, weil das Vermögen niemals in die Insolvenzmasse fällt und somit nicht betroffen ist. Das Kapital, das also vom Anleger investiert wurde, bleibt also - selbst dann, wenn die Gesellschaft Insolvenz anmeldet - in den Händen des Anlegers. Ein erheblicher Vorteil, weil somit die Gläubiger und die Fondsgesellschaft keinen Zugriff auf das Sondervermögen haben. Genau deshalb gibt es auch kein sogenanntes Emittentenrisiko. Problematisch ist hingegen nur das Kontrahentenrisiko, sofern sich der Anleger für einen indirekt replizierenden Fonds entscheidet. Da derartige ETFs nicht physisch in die Bestände investieren, sondern sich nur im Sinne des Tauschgeschäftes die Entwicklung garantieren lassen, kann es zum Problem werden, wenn der Kontrahent tatsächlich ausfällt. Kontrahenten sind in der Regel immer internationale Banken, wobei deren Stabilität niemals in Zweifel gezogen wird, wenn diese als Kontrahenten ausgewählt wurden. Des Weiteren entwickelten sich auch rund um die synthetisch replizierten ETFs Standards, sodass - vor allem in den letzten Jahren - das Kontrahentenrisiko extrem gesenkt werden konnte. So gibt es einerseits mehrere Swap-Kontrahenten oder auch derart hohe Sicherheiten, die den Gegenwert des vereinbarten Tauschgeschäfts überschreiten.

Der Anleger, der sich für physisch replizierende ETFs entscheidet, ist zu 100 Prozent auf der sicheren Seite; investiert er sein Geld in indirekt replizierende ETFs, so muss er sich bewusst sein, dass nur ein geringes Risiko besteht. Jedoch kann die Wahl der etablierten Emittenten auch dazu führen, dass das Risiko - fast zur Gänze - gemindert werden kann. Vor allem wurden in den vergangenen Jahren viele indirekt replizierende ETFs auf direkte Replikationen verändert. Somit folgen viele ETF-Anbieter den Wünschen der Anleger, die vorwiegend eine sichere Veranlagung ihres Kapitals wünschen und nicht unbedingt hohe Gewinne möchten.

Sollte der Anleger sein Geld in Investmentfonds oder doch lieber in Aktien investieren?

Fonds sind eine in Deutschland recht beliebte Geldanlage. Vor allem private Anleger, die in den letzten Jahren bemerkt haben, dass es für klassische Veranlagungen kaum noch attraktive Zinsen gibt, befassen sich immer mehr mit Fonds. Ein Blick in die Vergangenheit zeigt auch, dass es im Bereich der Fonds auch eine enorme Entwicklung gab: 1959 gab es gerade einmal 15 Fonds, heute können die Anleger aus mehr als 8.000 zur Verfügung stehenden Fonds wählen.

Im folgenden Abschnitt geht es vorwiegend um Investmentfonds und nicht um die Indexfonds (siehe das Kapitel: "Was sind ETFs?").

Die Investmentfonds werden ausschließlich aktiv von den Fondsmanagern verwaltet. Dabei handelt es sich um einen Fonds einer Kapitalverwaltungsgesellschaft, die in weiterer Folge das Sondervermögen verwaltet. Dieses Sondervermögen kann etwa in Renten (Staatsanleihen), Aktien, Währungen oder auch in Immobilien oder etwa auch in Rohstoffen angelegt sein. Des Weiteren gibt es Geldmarktfonds, die in Bankguthaben oder auch in Geldmarktinstrumente investieren. Aufgrund der Tatsache, dass das Fondsvermögen - aus rein rechtlicher Sicht - ein Sondervermögen ist, ist es auch im Zuge einer Insolvenz geschützt. Für den Anleger besteht somit kein Emittentenrisiko. Die Anlagegesellschaften sind verpflichtet, dass sie das Kapital der Anleger bei unabhängigen Depotbanken lagern.

Das Ziel eines aktiv gemanagten Investmentfonds? Durch eine äußerst geschickte Geldanlage und eine gezielte Umschichtung des Vermögens will man besser als der Markt sein. Entscheidet sich der Anleger für Aktien und investiert sein Geld in deutsche Unternehmen, so will er besser als der DAX abschneiden - er möchte also deutlich höhere Renditen erzielen.

Unterschieden wird zwischen geschlossenen und offenen Fonds. Zudem ist zu beachten, ob es sich um einen thesaurierenden (siehe das Kapitel: "Was sind ETFs?/ Thesaurierende ETFs") oder ausschüttenden (siehe das Kapitel: „Was sind ETFs?/ Ausschüttende ETFs") Fonds handelt.

Offene Fonds

Viele Fonds sind offen und können über Finanzinstitute, Banken, die Investmentgesellschaft, über Fondsvermittler oder auch direkt über die Börse erworben werden. Die Rückgabe - also der Verkauf - der Fondsanteile erfolgt in der Regel an die Investmentgesellschaft. Dabei bemisst der Anteilswerber den aktuellen Wert des Vermögens und dividiert die Anzahl der schon ausgegebenen Anteile. Anleger, die einen kurzen, mittleren oder langfristigen Anlagehorizont haben, können sich durchaus für einen offenen Fonds entscheiden. Zudem gibt es auch begrenzte Fonds - in der Regel spricht man hier von Laufzeitfonds.

Geschlossene Fonds

Die geschlossenen Fonds werden oftmals in der Rechtsform einer GmbH & Co KG betrieben. Dabei werden die Kommanditanteile zum Kauf angeboten - zu beachten ist, dass es hier oftmals einen bestimmten Platzierungszeitraum gibt. Wurden alle Anteile verkauft, so wird der Fonds geschlossen. Anleger müssen berücksichtigen, dass die Emissionskosten extrem hoch sind - in der Regel beläuft sich der Ausgabeaufschlag zwischen 15 Prozent und 20 Prozent. Genau deshalb sollten auch nur jene Anleger in einen geschlossenen Fonds investieren, die einen extrem langen Anlagehorizont - mindestens 10 Jahre - haben. Die geschlossenen Fonds investieren in der Regel in gewerbliche Immobilien; mitunter kann das Geld auch in Wohnimmobilien fließen. Jedoch gibt es auch geschlossene Film- oder Medienfonds, Waldfonds, Flugzeugfonds oder auch Infrastrukturfonds oder auch Unternehmensbeteiligungen, die ebenfalls allesamt geschlossen sind. Aufgrund der Tatsache, dass es immer wieder Betrugsfälle gab, steuerliche Vorteile verloren gingen, höhere Haftungsrisiken vorliegen und selbst ein Totalverlust nicht ausgeschlossen werden kann, sind geschlossene Fonds nicht unbeliebt beliebt. Sie sind - vor allem in der breiten Öffentlichkeit - extrem in Verruf geraten. Vor allem Privatanleger, die ihr Geld in einen Fonds investieren wollen, sollten sich lieber gegen einen geschlossenen Fonds entscheiden. In der Regel werden den Privatpersonen kaum geschlossene Fonds empfohlen werden.

Ausschüttende Fonds

Entscheidet sich der Anleger für einen ausschüttenden Fonds, so darf er sich auf jährlich erwirtschaftete Nettoerträge freuen. Zuvor kommt es jedoch zum Abzug der sogenannten Abgeltungssteuer. Diese beläuft sich auf 25 Prozent (zuzüglich 5,5 Prozent Solidaritätszuschlag). Bei dieser Ausschüttung spricht man auch von der Dividende - das ist der passive Cashflow für den Anleger.

Thesaurierende Fonds

Jene Erträge, die vom Fonds erwirtschaftet wurden (das können Dividenden, Zinsen, Mieten oder auch Verkaufserlöse sein), werden nicht an den Anleger ausgeschüttet - jene Erträge werden reinvestiert. Zu beachten ist, dass im Vorfeld jedoch die laufenden Kosten abgezogen werden, sodass es zu keiner Reinvestitionen des gesamten Betrages kommt. Kommt es zum Verkauf der Fondsanteile, so wird der Gewinn besteuert - werden die Anteile nicht verkauft, so fällt auch keine Steuer an. Der Anleger profitiert also vom Zinseszinseffekt.

Was sind Dachfonds?

Hier werden keine einzelnen Aktien gekauft - hier fließt das Geld in Anteile anderer Fonds. Das sind entweder Renten- oder auch Aktienfonds. Das Ziel? Ein geschickter Mix von verschiedenen Fonds, die allesamt eine unterschiedliche Strategie aufweisen, soll am Ende einen hohen Gewinn mit sich bringen. Jedoch muss der Anleger hier doppelte Kosten bezahlen - einerseits trägt er die Kosten für den aktuellen Fonds, andererseits muss er auch die Kosten des Dachfonds tragen. Dachfonds sind die mit Abstand teuersten Fonds.

Was sind Mischfonds?

In der Regel investieren die Mischfonds in Renten oder auch in

Aktien; in wenigen Fällen finden sich in den Mischfonds auch noch andere Anlagekategorien. In einigen Mischfonds herrscht ein bereits festgelegtes Mischverhältnis. Es gibt aber auch Mischfonds, die zu 100 Prozent in Anleihen oder Aktien investieren, sodass auf Marktentwicklungen reagiert werden kann. Nur so kann die optimale Rendite erzielt werden. Aufgrund der Tatsache, dass die Zinsen so niedrig wie noch nie sind, können Mischfonds jedoch nicht mehr empfohlen werden. In den letzten Jahren haben sich immer mehr Anleger gegen diese Variante entschieden.

Rechtliche Informationen

Fonds unterliegen in Deutschland den Vorschriften des sogenannten Kapitalanlagegesetzbuchs (kurz: KAGB). Das Gesetz trat mit Juli 2013 in Kraft. Das KAGB regelt etwa, dass jene Fonds, die in Deutschland aufgelegt sind, den Grundsatz der sogenannten Risikostreuung beachten müssen. Das heißt, dass in den Aktienfonds mindestens 16 verschiedene Wertpapiere vorhanden sein müssen, wobei kein Wertpapier mehr als 10 Prozent des gesamten Vermögens haben darf. Des Weiteren unterliegen die in Deutschland aufgelegten Fonds den Regeln der "Bundesanstalt für Finanzdienstleistungen" (kurz: BaFin). Die BaFin übernimmt auch die Aufsicht.

Wie empfehlenswert sind Aktien?

Natürlich kann das Geld auch in Aktiengesellschaften investiert werden. Auch hier gibt es verschiedene Strategien, die am Ende dazu führen, dass es zu einer Vermögensvermehrung kommt (entweder durch Kursanstiege oder auch durch die Ausschüttung von Dividenden). Jedoch sind Aktien - verglichen mit ETFs-Fonds - relativ riskant. Vor allem auch, weil viele Anleger in zwei oder drei Gesellschaften investieren und somit eine geringe Diversifikation haben. Es ist aber immer die Diversifikation - also die Risikostreuung - die am Ende für Gewinn oder Niederlage verantwortlich ist. Wer alles auf eine Karte setzt, der kann zwar hohe Gewinne verbuchen, muss sich aber bewusst sein, dass sich der Markt auch in die falsche Richtung bewegen kann. Der Vorteil von ETFs-Fonds? Hier investiert der Anleger nicht in zwei oder drei Unternehmen, sondern in einen Fonds, der sich an den Leitindex orientiert, in dem sich die stärksten Aktiengesellschaften befinden.

Sind Indexfonds eine bessere Alternative?

Das wohl wichtigste Auswahlkriterium? Die Gebühren. Genau diese sind es, warum Investmentfonds oftmals mit einem schlechten Ruf zu kämpfen haben. Selbst ETFs, also börsengehandelte Indexfonds, werden oft für die Gebühren kritisiert - jene sind aber, verglichen mit den klassischen Investmentfonds, deutlich geringer. Doch welche Rolle spielen die Gebühren tatsächlich? Ist es nicht vor allem die Wertentwicklung, die am Ende die größte Rolle spielen sollte? Vor allem stellen sich auch viele Anleger die Frage, ob - wenn schon Investmentfonds zu teuer sind - zumindest die Indexfonds eine interessante Alternative darstellen.

Vergleicht man die Managementgebühren (siehe das Kapitel: "Der Aufbau des Vermögens - eine Schritt-für-Schritt-Anleitung/ Zu Beginn folgt die Überprüfung der Gebühren", so zeigt sich relativ schnell, dass Indexfonds wesentlich günstiger sind. Doch wie sieht es bei der Wertentwicklung aus, wenn beide Fonds miteinander verglichen werden? Dieser Frage ging auch das Fondsanalysehaus "Thomson Reuters Lipper" nach. So wurden alle ETFs und Investmentfonds, die in Frankreich, der Schweiz, in Großbritannien, Deutschland und der USA zur Verfügung stehen, hinsichtlich der Wertentwicklung über ein ganzes Jahr (1. Oktober 2014 bis 30. September 2015), über drei Jahre (1. Oktober 2012 bis 30. September 2015) und auch über fünf Jahre (1. Oktober 2010 bis 30. September 2015) verglichen.

Ein Blick in die Vergangenheit

Der Vergleich zeigte deutlich, dass vor allem die börsengehandelten Indexfonds überzeugten. Jene, die sich auf den französischen CAC 40 TR, den DAX 30 TR und den amerikanischen S&P 500 NR und die beiden europäischen Indizes MSCI Europe NR und Euro Stoxx 50 bezogen, schnitten weitaus besser ab - in allen Vergleichszeiträumen (siehe auch das Kapitel: "Auf der Suche nach dem passenden Fonds").

Der CAC 40 NR, der französische Fonds, zeigte jedoch im Lauf des Vergleichs ein gemischtes Bild. Während im kürzesten Vergleichszeitraum (ein Jahr) der traditionelle Investmentfonds in Führung war, konnte der CAC 40 NR im dreijährigen und auch im fünfjährigen Vergleichszeitraum die Führung übernehmen.

So verhielt es sich auch bei den Produkten, die sich vorwiegend auf den S&P 500 TR Index bezogen haben. Die traditionellen Indexfonds, die sich ausschließlich auf den MSCI USA NR bezogen, hatten - über alle drei Betrachtungszeiträume - wesentlich bessere Wertentwicklungen als die ETFs.

Doch was bedeutet diese Studie für den Anleger, der sein Geld in einen Fonds investieren möchte? Er muss die Wertentwicklung jedes einzelnen Fonds überprüfen. Vor allem ist es wichtig, dass nicht nur das letzte Jahr herangezogen wird. Wichtig sind vor allem die längeren Betrachtungszeiträume. Nur dann, wenn der Fonds - über Jahre hinweg - an der Spitze der zusammengestellten Vergleichsgruppe liegt - kann er auch definitiv empfohlen werden.

Doch wie ist es möglich, dass viele Investmentfonds - verglichen mit ETFs - eine deutlich schlechtere Wertentwicklung aufweisen? Schlussendlich nutzen alle Fonds dieselben Techniken des heute modernen Portfoliomanagements. Hier kann man abermals auf die Transaktionskosten verweisen - es geht also wieder einmal um die Gebühren. Während ETFs bei jedem Verkauf oder Verkauf vom sogenannten "Authorized Participant" (jene Marktteilnehmer, die auch autorisiert sind, Fondsanteile vom jeweiligen ETF zurückzunehmen oder auszugeben) die Wertpapiere ausgeliefert bekommen oder liefern können, wird im Zuge des Investmentfonds immer der Markt als Bindeglied herangezogen. Jeder Kauf und jeder Verkauf läuft also über den Markt - das erklärt auch die weitaus höheren Transaktionskosten. Diese belasten natürlich das Fondsvermögen - es kommt also zu einer deutlich niedrigeren Wertentwicklung.

Auch wenn klassische Investmentfonds nicht immer schlechter

als ETFs abschneiden müssen, so sind ETFs vor allem für Anleger interessant, die einen mittel- oder auch langfristigen Anlagehorizont haben. Die längeren Vergleichszeiträume haben deutlich gezeigt, dass die Wertentwicklung deutlich besser ist, wenn man sein Geld in ETFs steckt.

Die Anlageklassen

Es gibt zahlreiche Anlageklassen - die sogenannten Assetklassen. Wichtig ist, dass sich der Anleger im Vorfeld mit den verschiedenen Assetklassen befasst. Jede Anlageklasse hat Vor- und Nachteile, die unbedingt berücksichtigt werden müssen.

Jeder Fonds setzt sich aus mehreren Assetklassen zusammen. Auch wenn immer wieder geschrieben wird, dass ETFs die beste Geldanlage für Anfänger und Einsteiger darstellen, so sollte sich der Anleger dennoch mit den verschiedenen Klassen befassen. Nur so kann er auch entscheiden, ob es sich um einen vielfältigen Fonds handelt. Zudem erhält der Anleger auch einen Einblick, ob eine optimale Risikostreuung vorliegt.

Folgende Anlageklassen sind interessant, wenn man als Anleger in ETFs investieren will:

- Aktien
- Anleihen
- Bargeld
- Immobilien
- Rohstoffe

Aktien

Eine Aktie ist nichts anderes als ein börsengehandelter Anteilsschein an einem Unternehmen - der Anleger wird also eine Art Miteigentümer des Unternehmens. Das bedeutet, dass der Anleger sehr wohl das Recht hat, vom weiteren Unternehmenserfolg zu profitieren. In der Regel schütten die Unternehmen eine Dividende an die Aktieninvestoren aus - diese Ausschüttung erfolgt einmal im Jahr. Geht der Markt jedoch in eine andere Richtung, sodass es in weiterer Folge zu Kursrückgängen kommt, so muss der Anleger einen Verlust verbuchen.

Gründet man eine Aktiengesellschaft (kurz: AG), so wird das Grundkapital des Unternehmens in verschiedene Wertpapiere aufgeteilt. Die Aktienausgabe wird auch Emission genannt. Die Wertpapiere werden entweder in einem Buch verbrieft oder in effektive Stücke gedruckt. Zu beachten ist, dass das Aktieninvestment nicht automatisch einen Gewinn bedeutet - sehr wohl kann es auch zu einer negativen Rendite kommen. Die Regel, die keinesfalls unterschätzt werden sollte, lautet: Je länger der Anlagezeitraum ist, umso höher sind auch die Chancen, dass sich die Rendite verbessert - Verluste können nämlich, innerhalb von wenigen Monaten oder Jahren - sehr wohl ausgeglichen werden. Genau deshalb ist es wichtig, dass der Anleger einen langen Atem hat und nicht die Nerven verliert, wenn die Kurse kurzzeitig in den Keller wandern.

Anleihen

Bei den ETF-Anleihen handelt es sich um sogenannte einverzinsliche Wertpapiere. Derartige Wertpapiere dienen zur Kapitalanlage oder etwa auch zur langfristigen Fremdfinanzierung. Neben den Anleihen gibt es auch Rentenpapiere, Pfandbriefe, Bonds oder auch Schuldverschreibungen. Die Anleihen werden an den Börsen gehandelt. Es handelt sich dabei um eine recht risikoarme Anlageform, die vor allem sicherheitsorientierte Anleger nutzen. Die Inhaber sind auch gleichzeitig Gläubiger - das ist auch der große Unterschied zu den Aktien. Zudem ist bei den Anleihen auch die verzinsliche Rückzahlung garantiert; zu beachten ist, dass das fehlende Risiko natürlich auch Auswirkungen auf den Gewinn hat. In der Regel ist die Rendite deutlich geringer als bei den Aktien. Das heißt, dass der Anleger auf eine bessere Rendite verzichtet, jedoch sicher sein kann, in ein extrem sicheres Finanzprodukt investiert zu haben.

Bargeld

Eine relativ sichere Anlageform. Schlussendlich ist Bargeld liquide und wird nicht durch die Marktpreise beeinflusst - das heißt, dass es kaum zu Schwankungen kommt. Genau diese Sicherheitsfaktoren haben einen Einfluss auf die Renditemöglichkeiten. Diese sind eher niedrig - inflationsbedingt ist es sogar möglich, dass es zu einer negativen Rendite kommt.

Immobilien

Hier geht es keinesfalls darum, dass der Anleger sein Geld in Immobilien anlegt - er investiert vorwiegend in börsennotierte Immobiliengeschäfte. Fakt ist, dass Gebäude immer wieder eine Wertsteigerung erfahren können; zudem profitieren die Anleger auch von den Mietzahlungen. Immer wieder entscheiden sich die ETF-Investoren für Gewerbeimmobilien, also gewerblich genutzte Flächen oder auch Büros.

Rohstoffe

Heutzutage können auch die Privatanleger in Rohstoffe investieren - vor Jahren gab es diese Möglichkeit nur für Banken. Möchte der Anleger sein Geld in ETF-Rohstoffe anlegen, so stehen ihm mehrere Möglichkeiten zur Verfügung. Wichtig ist, dass sich der Anleger im Vorfeld eine Übersicht verschafft, welche Vor- und Nachteile bestehen und wie die unterschiedlichen Rohstoffe auf mögliche Marktentwicklungen reagieren können. Den Anlegern stehen Edelmetalle (Gold und auch Silber) zur Verfügung - diese Rohstoffe eignen sich hervorragend für eine langfristige Veranlagung. Jedoch können die Anleger auch direkt in Zertifikate oder auch in Fonds investieren. So etwa in Lebensmittel wie Kaffee, Kakao, Mais oder auch Weizen - selbst Kupfer und Eisen stehen zur Verfügung. Anleger profitieren immer dann von der Entwicklung des Basiswertes, wenn der jeweilige Rohstoffmarkt in die richtige Richtung geht. Wichtig ist daher ein ausgewogenes ETF-Portfolio. Dieses erkennt man daran, dass in mehrere Rohstoffe investiert wird. Zudem muss berücksichtigt werden, dass die Rohstoffe immer mit ihrem zukünftigen Preis - Future-Preis - gehandelt werden.

Viele Hauptanlageklassen lassen sich zudem noch in weitere Untergruppen einteilen. So werden die Aktien nach der Unternehmensgröße oder auch nach den Ländern selektiert. Auch andere Kennzahlen sind denkbar. Wichtig ist, dass jede Unterkategorie aber ein anderes Risiko-Rendite-Profil hat und somit auch individuell auf etwaige Marktschwankungen reagieren kann (und auch wird).

Die Vor- und Nachteile

ETFs sind - vor allem im Aufbau - durchaus mit den klassischen Investmentfonds zu vergleichen. Der große Unterschied? ETFs können - wie etwa auch Einzelaktien - selbständig von den Anlegern gehandelt werden. Somit können ETFs jederzeit gekauft und auch verkauft werden. Das Geld ist zudem auch nicht für einen vorher vereinbarten Zeitraum gebunden. Somit darf sich der Anleger über eine extrem hohe Flexibilität freuen. Ein weiterer Vorteil, sofern sich der Anleger für einen Sparplan entscheidet: Er kann die monatlichen Zahlungen jederzeit erhöhen oder auch aussetzen - es gibt de facto kein anderes Finanzprodukt, das so flexibel ist.

ETFs überzeugen vor allem durch die sehr einfache Handelbarkeit. Ein weiterer Punkt ist die einfache und nachvollziehbare Kostenstruktur. Selbst Anfänger werden mit der Struktur keine größeren Probleme haben. ETFs sind auch - auch das ist für viele Anleger wichtig - extrem günstig. Pro Jahr liegen die Gebühren zwischen 0,1 und maximal 0,5 Prozent. Das liegt vor allem an der passiven Strategie. ETFs werden nicht aktiv gemanagt, sodass es - wie etwa bei Investmentfonds - keine hohen Verwaltungs- oder Abschlusskosten gibt. Zudem schneiden ETFs auch immer wieder besser bei der zu erzielenden Rendite ab. Aktiv gemanagte Produkte haben hier oft das Nachsehen, weil diese - je nach aktueller Marktlage - immer wieder umgeschichtet werden müssen.

Ein weiterer Punkt, der keinesfalls außer Acht gelassen werden darf, ist die Risikostreuung. Jeder Anleger, der sein Geld in Einzelaktien investiert, muss immer davon ausgehen, dass diese auch extrem stark an Wert verlieren können. In weiterer Folge sind herbe Verluste möglich. Ist das Unternehmen zudem insolvent, so kommt es zum Totalverlust. Entscheidet man sich für ETFs, so gibt es dieses Risiko etwa gar nicht. Der Anleger investiert ja auch in kein Produkt und in keine Firma - er steckt sein Geld in ein Portfolio aus zahlreichen Unternehmen, die sich in verschiedenen Branchen befinden. Das Portfolio ist in der Regel derart zusammengestellt, sodass ein Totalverlust fast zur Gänze ausgeschlossen werden kann. Zudem muss sich der Anleger auch nicht auf die Suche nach Analysen begeben. Da das Geld in mehrere Werte angelegt wird, spart der Anleger Zeit - er braucht auch kein tiefgründiges Börsenwissen oder muss sofort reagieren, wenn Ereignisse eintreten, die einen Einfluss auf das erworbene Wertpapier haben könnten.

Doch auch wenn es zahlreiche Vorteile gibt, so dürfen die Anleger keinesfalls die Schattenseiten ignorieren. ETFs bilden einen Markt ab - eine Outperformance der Benchmark ist somit äußerst unwahrscheinlich. Was das heißt? Ein ETF kann niemals besser als der Markt abschneiden. Ein weiteres Problem? Es herrscht ein extrem geringes Risiko. Das mag doch ein Vorteil sein? Ja. Jedoch muss sich der Anleger bewusst sein, dass das fehlende Risiko natürlich auch Auswirkungen auf die möglichen Gewinne hat. Exorbitante Wertsteigerungen, wie das etwa immer wieder bei Einzelaktien möglich ist, gibt es nicht.

Möchte der Anleger sein Portfolio diversifizieren, so ist er definitiv gut beraten, wenn er sich für ETFs entscheidet (siehe das Kapitel: "Der Aufbau des Vermögens - eine Schritt-für-Schritt-Anleitung/Die Errichtung eines ETF-Portfolios"). Jeder ETF- und jeder Aktienkauf kostet natürlich Geld. Möchte der Anleger die Aktien der im DAX befindlichen Unternehmen erwerben, so muss er extrem hohe Kosten tragen - das entsprechende ETF ist wesentlich günstiger. Jedoch produzieren ETFs - im Unterschied zu den erworbenen Einzelaktien - laufende Kosten. Schlussendlich fordert jeder Herausgeber von Indexfonds eine Jahresgebühr, die natürlich auch Auswirkungen auf die Rendite hat.

Auch wenn Investments in ETFs relativ sicher sind, so können derartige Produkte keinesfalls mit den klassischen Tages- oder Festgeldkonten verglichen werden. Fakt ist, dass Börsenkurse immer in den Keller stürzen können - ein Risiko, auch wenn es gering ist, besteht also immer. Genau deswegen brauchen die Anleger auch einen langen Atem; all jene, die einen extrem kurzfristigen Anlagehorizont haben, sollten sich besser für ein anderes Finanzprodukt entscheiden.

Zu berücksichtigen ist natürlich die Tatsache, dass die Fondsgesellschaften eine immer größere Macht in der Wirtschaft erhalten, die vor allem durch den regelrechten ETF-Boom ausgelöst wurde. Heute erwerben die großen Fondsanbieter zahlreiche Aktien, weil das die ETF-Käufer so möchten. Somit besitzen sie

beträchtliche Anteile von bestimmten Akt\
sind also weltweit vertreten. Heutzutage g\
gesellschaften, die sogar die größten Ant\
Konzerne sind. Die Finanzexperten sind na\
die Zukunft aussehen wird - am Ende kan\
Frage, welchen Einfluss die Fondsgesellschaf\
nicht beantworten.

Dieser Nachteil, der zwar keine wesentliche Rolle für den einzelnen Anleger spielt, darf somit keinesfalls außer Acht gelassen
werden.

Direktinvestment oder Sparplan?

ETFs sind relativ sicher - dem Anleger bietet sich eine interessante Möglichkeit, wie er in breit gestreute Aktien investieren
kann. Das Potential ist enorm. Auch Starinvestor Warren Buffet
gehört zu den großen ETF-Fonds-Fans - und wenn Warren Buffet von dieser Möglichkeit begeistert ist, dann darf man sich
ebenfalls für dieses Finanzprodukt begeistern. Schlussendlich
hat Buffett Unsummen an der Börse verdient. Doch sollte der
Anleger ein Direktinvestment wagen oder doch lieber in einen
sogenannten ETF-Sparplan investieren?

Die ETFs bilden - im Gegensatz zu den klassischen Investment-
fonds - nur die Entwicklung der unterschiedlichen Indizes ab.
Somit entsteht eine sehr transparente und auch nachvollziehbare
Diversifikation des eigenen Portfolios. Genau deshalb können
ETFs auch durchaus sicherheitsorientierten Anlegern empfohlen
werden. Risikoprofil und Anlagestrategie spielen keine tragenden
Rollen. Wer sich für ein Direktinvestment entscheidet, der kann
sich für eine passive oder eine aktive Strategie entscheiden. Der
Anleger kann auch längerfristig oder nur kurzfristig investieren.
Längerfristige Investitionen sind jedoch deutlich empfehlenswer-
ter - einerseits liegt das an der Abgeltungssteuer, andererseits
können mögliche Kursschwankungen, die für eine negative
Wertentwicklung sorgen, ausgesessen werden, sodass sich der
Wert des Fonds wieder stabilisiert.

Wenn man sein Geld anlegen will, dann muss man nicht über
extrem hohe Summen verfügen. Selbst dann, wenn man pro

Monat nur kleinere Beträge anspart, kann - über die Jahre hinweg - ein durchaus attraktives Vermögen entstehen. Eine interessante Möglichkeit ist ein ETF-Sparplan. Die einzige Voraussetzung? Man braucht ein Wertpapierdepot.

ETF-Sparpläne werden bereits von einigen Diskontbrokern (siehe das Kapitel: "Der Aufbau des Vermögens - eine Schritt-für-Schritt-Anleitung/Die letzten Vorbereitungen") angeboten - somit wird man auch das Gefühl nicht los, dass es sich hier auch um eine Art Einsteigerprodukt handelt, das vor allem den Anfängern empfohlen werden kann. ETF-Sparpläne sind dann empfehlenswert, wenn der Anleger kleinere Beträge veranlagen möchte und einen langfristigen Anlagehorizont verfolgt. Derartige Sparpläne sorgen für einen kontinuierlichen Vermögensaufbau. So können ETF-Sparpläne etwa für die eigene Altersvorsorge angelegt werden.

In der Regel liegt die monatliche Mindesteinzahlung bei 50 Euro; es gibt jedoch auch Banken, die eine monatliche Mindesteinzahlung von 25 Euro akzeptieren. Der Sparplan ist zudem recht flexibel. Kann der Anleger die Raten nicht mehr bedienen, da es mitunter zu einem finanziellen Engpass gekommen ist, kann er die Zahlungen auch aussetzen. Stellt der Anleger fest, dass die monatlichen Raten zu niedrig sind, so kann er diese auch erhöhen und noch mehr Geld in den Sparplan investieren. Zudem können die Wertpapiere, die sich in dem Sparplan befinden, jederzeit verkauft werden. Dabei muss der Anleger aber nicht die gesamten Wertpapiere verkaufen - er kann sich auch für einen Teilverkauf entscheiden.

Der Vorteil von ETFs-Fonds? Die Anleger können über Jahrzehnte hinweg einzahlen und müssen sich nicht ständig Gedanken darüber machen, ob der Fonds schlecht oder gut verwaltet wird. ETFs haben nämlich keine Manager, die gute oder gar schlechte Entscheidungen treffen können. Derartige Fonds entwickeln sich immer nach dem jeweiligen Aktienindex, an den sie sich orientieren.

Entscheidet sich der Anleger für einen Sparplan, so erwirbt er regelmäßig Fondsanteile. Aufgrund der Tatsache, dass Aktienkurse stark schwanken können, schwankt natürlich auch der Wert des Fonds. Somit ist es möglich, dass sich der Sparplan sogar im Minus befinden kann. Genau deshalb ist es wichtig, dass der Anleger, sofern er sich für einen Sparplan entscheidet, einen langfristigen Anlagehorizont verfolgt. Nur so können etwaige Verluste, die jederzeit möglich sind, wieder ausgeglichen werden.

Der Anleger braucht also einen langen Atem, wobei dieser - das haben die letzten Jahre deutlich gezeigt - sehr wohl belohnt wird. Hätte sich der Anleger vor 15 Jahren für einen Sparplan entschieden, der sich am MSCI World-Index orientiert, so hätte er - im Zuge einer monatlichen Rate von 100 Euro - eine Rendite von durchschnittlich 7,4 Prozent erzielt.

Die letzten Jahrzehnte im Überblick

Die folgenden Beispiele sollen zeigen, dass die Sparpläne durchaus vielversprechend waren und noch immer sind, es jedoch gravierende Rendite-Unterschiede gibt, die im Vorfeld natürlich berücksichtigt werden müssen. Die folgenden Berechnungen beziehen sich auf eine monatliche Einlage in der Höhe von 100 Euro:

- Start: 1969 - Ende: 1984 / Rendite: 10,95 Prozent / Gesamtsumme: 43.534 Euro / Tatsächliche Einzahlung: 18.000 Euro / Endgültiger Gewinn: 25.534

- Start: 1974 - Ende: 1989 / Rendite: 14,78 Prozent / Gesamtsumme: 60.447 Euro / Tatsächliche Einzahlung: 18.000 Euro / Endgültiger Gewinn: 42.447

- Start: 1979 - Ende: 1994 / Rendite: 8,91 Prozent / Gesamtsumme: 36.639 Euro / Tatsächliche Einzahlung: 18.000 Euro / Endgültiger Gewinn: 18.639

- Start: 1984 - Ende: 1999 / Rendite: 14,46 Prozent / Gesamtsumme: 58.814 Euro / Tatsächliche Einzahlung: 18.000 Euro / Endgültiger Gewinn: 40.814

- Start: 1989 - Ende: 2004 / Rendite: 5,25 Prozent / Gesamtsumme: 27.125 Euro / Tatsächliche Einzahlung:

18.000 Euro / Endgültiger Gewinn: 9.125 Euro

- Start: 1994 - Ende: 2000 / Rendite: 0,52 Prozent / Gesamtsumme: 18.727 Euro / Tatsächliche Einzahlung: 18.000 Euro / Endgültiger Gewinn: 727 Euro

- Start: 2000 - Ende: 2015 / Rendite: 7,36 Prozent / Gesamtsumme: 32.220 Euro / Tatsächliche Einzahlung: 18.000 Euro / Endgültiger Gewinn: 14.220 Euro

Der Sparplan auf einen Indexfonds kann unabhängig vom aktuellen Geschehen abgeschlossen werden. Es spielt also keine Rolle, wann sich der Anleger für den Sparplan entscheidet - viel wichtiger ist, dass er sich dafür entscheidet. Fallen zu Beginn die Kurse, so sollte der Anleger ruhig bleiben - im Zuge des Sparplans werden über einen längeren Zeitraum Aktien erworben, sodass die fallenden Kurse dazu führen, dass mehr Anteile erworben werden. Steigt der Aktienkurs in weiterer Folge, so hat der Anleger sogar profitiert, da er Aktien zu günstigeren Preise erwarb, die nun ordentlich an Wert gewonnen haben.

Folgende Indizes eignen sich für das Fondssparen

MSCI World Stoxx Europe 600
Region: Weltweit
Firmen aus: USA und Japan
Unternehmensgröße: Große und auch mittlere Unternehmen
Währungsrisiko: Ja

MSCI Europe
Region: Europa
Firmen aus: Großbritannien und der Schweiz
Unternehmensgröße: Große, mittlere und auch kleinere Unternehmen
Währungsrisiko: Ja

MSCI EMU
Region: Europa
Firmen aus: Großbritannien und der Schweiz

Unternehmensgröße: Große und auch mittlere Unternehmen
Währungsrisiko: Ja

Region: Euroraum
Firmen aus: Frankreich und Deutschland
Unternehmensgröße: Große und auch mittlere Unternehmen
Währungsrisiko: Nein

Fakt ist, dass schon geringe monatliche Beträge ausreichen, damit sich im Laufe Zeit ein durchaus stattliches Vermögen entwickelt. Der Anleger profitiert vor allem durch den sogenannten Cost-Average-Effekt, der dafür sorgt, dass auch eine positive Rendite folgt, sofern der Kurs einbricht und am Ende wieder dieselbe Höhe erreicht, die er zu Beginn des Investments hatte. Mittels Einmaleinlage, also im Sinne des Direktinvestments, können - sofern der Kurs mit der Zeit einbricht - sodann keine lukrativen Gewinne mehr erzielt werden. Diese Tatsache zeigt auch auf, dass Investitionen in finanziell schweren Zeiten, nicht vorzeitig beendet werden dürfen. Genau das würde einen nicht zu unterschätzenden Verlust bedeuten, weil das Investment gar keine Zeit gehabt hätte, ordentlich zu wachsen.

Fiktive Beispiele, die zeigen sollen, warum ein ETF-Sparplan durchaus empfehlenswert ist

Wer sich für einen ETF-Sparplan entscheidet, der kann etwa einerseits für seine eigene Altersvorsorge sparen oder auch für seine Kinder. Folgender Sparplan soll Ihnen zeigen, dass vor allem auch Kinder profitieren, wenn Sie sich zur Geburt für einen ETF-Sparplan entscheiden. Im folgenden Beispiel investieren wir unser Geld in den MSCI World Index UCITS ETF - hier wird die Aktienkomponente repräsentiert. Für die Anleihen wählen wir den iBoxx Sovereigns Eurozone UCITS ETF. Berücksichtigen wir die letzten zehn Jahre, so könnten der MSCI World Index UCITS ETF einen jährlichen Wertzuwachs von rund 5 Prozent und der iBoxx Sovereigns Eurozone UCITS ETF einen jährlichen Wertzuwachs von etwa 4 Prozent erzielen. Wer im Monat 100 Euro einbezahlt, so werden 50 Euro in den MSCI World Index UCITS ETF und 50 Euro in den iBoxx Sovereigns Eurozone UCITS ETF investiert.

Am Ende - also nach 18 Jahren - wurden insgesamt 21.600 Euro investiert. 10.800 Euro flossen in den MSCI World Index UCITS ETF und 10.800 Euro wurden in den iBoxx Sovereigns Eurozone UCITS ETF gesteckt. Aus den 10.800 Euro, die in den MSCI World Index UCITS ETF flossen, sind nach 18 Jahren 16.401 Euro geworden. Jene 10.800 Euro, die in den iBoxx Sovereigns Eurzone UCITS ETF gesteckt wurden, sind auf 14.873 Euro gewachsen. Die 21.600 Euro, die in den letzten 18 Jahren investiert wurden, wuchsen - innerhalb von 18 Jahren - auf 31.274 Euro. Das ist ein Gewinn von 9.674 Euro - also ein Plus von 45 Prozent.

Ein derartiger Gewinn ist natürlich immer wünschenswert, wobei natürlich an dieser Stelle bemerkt werden muss, dass nur jene Werte herangezogen wurden, die auch in den letzten zehn Jahren erzielt wurden. Es gibt keine Garantie, dass sich die Wert auch in den kommenden 10, 15 oder 20 Jahren genauso entwickeln wird. Mitunter könnten es, wenn der Sparplan noch dieses Jahr abgeschlossen wird, 35.000 Euro oder auch nur 22.500 Euro sein, die nach dem Ende der Laufzeit (in diesem Fall nach 18 Jahren) ausbezahlt werden.

- Fakt ist, dass die Rendite, ganz egal, wie sich der Sparplan entwickelt, höher als bei traditionellen Veranlagungen sein wird.
- Ein weiteres Beispiel zeigt, dass ETF-Sparpläne durchaus dafür sorgen können, dass Sie einen - zumindest aus finanzieller Sicht - ruhigen Lebensabend erwarten dürfen.
- 30 bis rund 50 Prozent der investierten Summe werden in den MSCI World investiert, der rund 1645 Aktiengesellschaft umfasst.
- 10 bis rund 20 Prozent der investierten Summe fließen in den MSCI Emerging Markets, der etwa 836 Aktiengesellschaften enthält.
- Die restlichen 30 bis 40 Prozent fließen in den Stoxx Europe 600, der - wie der Name bereits verrät - 600 Aktiengesellschaften umfasst.
- Natürlich kann auch ein 6-Punkte-Sparplan ins Auge gefasst werden:

So fließen 30 bis rund 40 Prozent in den Stoxx Europe 600, 10 bis 20 Prozent in den MSCI North America (713 Aktiengesellschaften - Nordamerika), 10 bis 20 Prozent in den S&P SmallCap 600 (600 kleinere Aktiengesellschaften - USA und Kanada), 5 bis 10 Prozent in den Topix (1700 Aktiengesellschaften - Japan), 5 bis 10 Prozent in den MSCI AC Far East ex-Japan (549 Aktiengesellschaften - Asien), 5 bis 10 Prozent in den MSCI Emerging Markets (836 Aktiengesellschaften - weltweit), 5 bis 10 Prozent in den MSCI Emerging Markets SmallCap (1906 Aktiengesellschaften - weltweit).

Investiert der Anleger einen monatlichen Betrag von 100 Euro, wobei eine jährliche Rendite von rund 5 Prozent erzielt wird, darf er sich nach zehn Jahren über einen Gewinn in der Höhe 3.260 Euro freuen. In dieser Rechnung wurden die fiktiven Kosten (0,3 Prozent) bereits abgezogen. Nach 20 Jahren gibt es - bei derselben Sparrate und bei denselben Gebühren und bei derselben Rendite - einen Gewinn von rund 15.420 Euro! Nach 40 Jahren hätte der Anleger 48.000 Euro investiert, würde jedoch 90.210 Euro ausbezahlt bekommen. Somit wäre ein theoretischer Plus von 42.210 Euro möglich!

Fakt ist, dass eine derartige Rendite, die bei fast 50 Prozent liegt, mit keiner anderen Veranlagungsform erreicht werden kann. Natürlich gibt es - im Zuge von Einzelinvestments - derartige Erfolge, jedoch sind diese die Seltenheit. Warum? Weil der Anleger nie besser als der Markt sein kann. Zumindest nicht, wenn es seine langfristige Strategie sein sollte.

Ob der Anleger direkt investiert oder sich für einen Sparplan entscheidet, hängt natürlich vom selbstdefinierten Anlageziel ab. Wer sich für den Vermögensaufbau interessiert, damit er einen - finanziell ruhigen - Lebensabend verbringen kann, sollte sich für einen Sparplan entscheiden. Hier genügen bereits geringe Beträge, sodass am Ende durchaus hohe Gewinne erzielt werden können. Anleger, die einen kurzfristigen Anlagehorizont haben und relativ schnell einen Gewinn verbuchen wollen, können sich für ein Direktinvestment entscheiden.

Auf der Suche nach dem passenden Fonds

Fakt ist, dass sich der Anleger nicht ständig mit dem Fonds befassen muss - einerseits erspart er sich die Beobachtung, andererseits muss er nicht ständig irgendwelche Änderungen (Umschichtung der Anlage) vornehmen. Diese beiden Aspekte, die durchaus Vorteile gegenüber anderen Geldanlagen sind, haben natürlich den Nachteil, dass schon im Vorfeld gut überlegt werden muss, in welchen Fonds investiert wird.

Der Anleger muss dabei den Anlagehorizont der Fondsgesellschaft berücksichtigen und sich die Frage stellen, ob dieser auch mit dem eigenen Anlagehorizont kompatibel ist. Ist die Fondsgesellschaft der Ansicht, dass die Anleger einen langen Anlagehorizont benötigen, so eignet sich dieser Fonds definitiv nicht für Investoren, die nicht mehr als zwei oder drei Jahre in den Fonds investieren möchten.

Auch die Anlagestrategie spielt eine nicht zu unterschätzende Rolle. Für wertorientierte Fonds sollte sich der Anleger für eine längere Haltedauer entscheiden, damit er die gewünschte Rendite erwirtschaften kann. Handelt es sich um einen risiko- und auch renditeorientierten Fonds, dann sollten hier vor allem Anleger investieren, die eine kurzfristige Gewinnmaximierung wünschen.

Der Anleger sollte sich im Vorfeld auch einen Überblick über alle Märkte - also Regionen und Branchen - verschaffen, bevor er die Entscheidung trifft, in welchen Fonds er schlussendlich investieren möchte (siehe auch das Kapitel: "Sind Indexfonds eine bessere Alternative? "). Die Fondsstruktur und die die Fondsstrategie finden sich im Anlageprospekt und sollten viel Berücksichtigung bekommen. Hier sind vor allem auch die Anlagebedingungen von enormer Bedeutung - nur dann, wenn sich der Anleger im Vorfeld intensiv mit Struktur und Strategie befasst, kann er unliebsame Überraschungen vermeiden. Das gilt natürlich auch für die Jahresberichte oder auch Halbjahresberichte, die ebenfalls im Vorfeld studiert werden sollten. Auch dann, wenn der Anleger bereits in den Fonds investiert hat, sollte er jene Berichte lesen.

Tipp: Werden Fonds von Bankmitarbeitern, Vermittlern oder sonstigen Personen empfohlen, so ist es wichtig, dass auch Informationen von unabhängigen Stellen eingeholt werden, sodass der Anleger sicher sein kann, ein umfassendes Bild vom Fonds erhalten zu haben. Hier sind vor allem die Bewertungen der Ratingagenturen - so etwa "Moody's" - empfehlenswert. Die Ratingagenturen bewerten die Fonds nach Performance - sie berücksichtigen also die Wertentwicklung über bestimmte Zeiträume. Im Zuge der Bewertung durch die Ratingagentur finden sich auch Hinweise zur Volatilität (Wertschwankung). Auch Fondsvergleichskennzahlen sollten berücksichtigt werden - diese finden sich im Internet (etwa auf "Fondsweb", "Fondsdata" oder auch "Onvista") oder werden direkt von den Online-Depotbanken zur Verfügung gestellt. Natürlich sind gute Bewertungen wünschenswert, jedoch noch lange kein Garant, dass sich die Fonds auch in die richtige Richtung bewegen. Schon die Finanzkrise im Jahr 2008 hat gezeigt, dass nicht alle Daten zu 100 Prozent stimmen müssen. Zudem sollte sich der Anleger nicht immer mit der Vergangenheit befassen - wichtig ist, dass auch absehbare und wahrscheinliche Marktentwicklungen, die in Zukunft von Bedeutung sein könnten, berücksichtigt werden (siehe das Kapitel: "Direktinvestment oder Sparplan?").

Der Anleger sollte unbedingt das Fondsvolumen vergleichen. Dieses muss eine erhebliche Größenordnung aufweisen, sodass in weiterer Folge Fungibilität (also die Handelbarkeit) und Sicherheit gewährleistet werden können.

Zuletzt sind auch die Kosten von Bedeutung. Diese können anhand der sogenannten "Total Expense Ratio Kennzahl"überprüft werden. Erhält das Fondsmanagement eine Vergütung im Erfolgsfall? Was zu Beginn vielleicht unfair wirkt, hat jedoch den Vorteil, dass sich die Fondsmanager sehr wohl "bemühen" werden, noch höhere Erträge zu lukrieren. Schlussendlich profitieren nicht nur die Anleger, wenn es eine erfolgsabhängige Vergütung für Fondsmanager gibt. Der Anleger wird jedoch bemerken, dass Fonds, die eine sehr gute Bewertung haben, doch teurer als "mittelmäßig bewertete" Fonds sind. Hier gilt der Grundsatz: "Das Billige ist immer das Teure" - die Entscheidung sollte also nicht nur anhand der Kosten gefällt werden. Wirken die Kosten zu hoch, sollte sich der Anleger für einen passiv gemanagten Fonds entscheiden. Genau hier wären wir wieder bei den ETF-

Fonds (siehe das Kapitel: "Was sind ETFs?").

Der Aufbau des Vermögens - eine Schritt-für-Schritt-Anleitung

Der ETF-Kauf läuft folgendermaßen ab: Sie rufen die Internetseite des Brokers auf oder öffnen die Handelssoftware. Danach geben Sie die ISIN oder WKN des gewünschten ETFs in das Suchfeld ein. In weiterer Folge geben Sie die Kaufdaten ein - also Ordervolumen und dergleichen. Senden Sie den Auftrag ab - fertig. Der Ablauf erinnert also durchaus an den Aktienkauf. Auch die Orderwerkzeuge erinnern hier an den Aktienkauf: So gibt es Stop-Loss oder auch Limit-Funktionen, die Sie durchaus verwenden sollten, damit Sie das (geringe) Risiko reduzieren können.

Zu Beginn folgt die Überprüfung der Gebühren

Wie bereits erwähnt, sind Kauf und auch Verkauf von ETFs recht preiswert. Dennoch müssen die Gebühren des Brokers verglichen werden - immer wieder kritisieren Verbraucherschützer, dass es hier recht große Unterschiede gibt, die im Vorfeld sehr wohl berücksichtigt werden müssen. Führen Sie also unbedingt einen Broker-Vergleich durch. Achten Sie auf die Handels- und möglichen Plattform-Gebühren und berücksichtigen Sie auch die angebotenen Leistungen. Natürlich ist es auch ratsam, wenn Sie sich mit dem Kundenservice befassen. Gibt es eine kostenlose Hotline, einen Live-Chat oder nur eine E-Mail-Adresse?

Auch die ETFs-Gebühren sollten, auch wenn es sich um recht niedrige Gebühren handelt, im Vorfeld überprüft werden. Auch wenn es vor allem die sehr günstige Gebührenstruktur ist, die viele Anleger überzeugt, so wäre es dennoch fahrlässig, wenn der Anleger die möglichen Gebühren komplett ignoriert. Zu beachten ist, dass es keine Ausgabeaufschläge gibt, wenn ETFs erworben werden. Die Transaktionskosten sind relativ gering und liegen zwischen 0,05 Prozent und 0,5 Prozent. Die wichtigste Kennzahl, sofern die Gebühren überprüft werden sollen, ist die "Total Expense Ratio" (kurz: TER). Dabei handelt es sich um eine festdefinierte Kennzahl, die dem Anleger zeigt, wie hoch die Gesamtkostenquote des ETF-Fonds tatsächlich ist. In diese Position fallen etwa die Verwaltungsgebühren und auch die Kosten für die Depotbank und den Wirtschaftsprüfer. Die Berechnung erfolgt einmal pro Jahr und wirkt rückwirkend.

ETFs werden - wie auch Aktien oder sonstige Wertpapiere - direkt an der Börse gehandelt. Die Gebühren haben hier denselben Level wie im Aktienhandel. Das heißt, dass es zahlreiche Online-Broker gibt, die dieselben Ordersätze wie bei den Aktien haben. Zu beachten ist, dass das natürlich auch für mögliche Zusatzkosten - also etwa Börsenmaklergebühren - gilt.

Ein weiterer Kostenfaktor, der mitunter auch gerne versteckt wird, ist der Spread. Dieser wird leider oftmals vergessen, da er nicht sofort ins Auge sticht. Unter dem Spread versteht man den Unterschied zwischen dem Verkaufs- und dem Kaufkurs, wobei zu beachten ist, dass der Kaufkurs immer eine Spur höher ist. Derartige Kosten entstehen also deswegen, da für den ETF-Kauf immer mehr bezahlt werden muss. Doch das wirkt nur auf den ersten Blick teuer - in vielen Fällen liegt der Spread bei gerade einmal 0,1 Prozent. Spreads sind auch keine ETF-typische Eigenschaft - derartige Gebühren gibt es auch bei anderen Finanzprodukten (etwa auch bei Aktien).

Ein weiterer Knackpunkt sind die Verwaltungsgebühren. Auch bei ETFs gibt es Fondsmanagementgebühren, die keinesfalls außer Acht gelassen werden sollten. Diese Gebühren werden automatisch vom Vermögen abgezogen. Der Vorteil? Sie sind deutlich geringer, da ETFs immer passiv gemangte Fonds sind. Das macht auch Sinn, weil hier nur der Index nachgebildet wird - der Manager des Fonds muss also keine Anlageentscheidungen treffen, sodass er einen geringen Verwaltungsaufwand hat.

Es gibt keinen Ausgabeaufschlag. Während bei normalen Investmentfonds eine derartige Gebühr bezahlt werden muss, fällt diese im Rahmen eines ETFs-Investment nicht an. Jedoch gibt es eine Ausnahme: Entscheidet sich der Anleger für einen außerbörslichen Handel, so muss er einen Ausgabeaufschlag bezahlen - zu regulären Börsenzeiten gibt es jedoch keine derartige Gebühr.

Ein weiterer Vorteil ist natürlich der immer härter werdende

Wettbewerb. In Deutschland gibt es bereits derart viele ETF-Anbieter, sodass auch die Gebühren - vor allem in den letzten Jahren - extrem gesunken sind und wohl auch in naher Zukunft noch sinken werden. Ein Blick über den "großen Teich" verrät, dass die ETFs schon das gängigste Anlageprodukt in den USA sind. Genau deshalb sind die ETF-Fonds in den USA auch schon deutlich günstiger als in Europa (bzw. in Deutschland).

Die Besteuerung

Die Besteuerung eines Investmentfonds wird durch das sogenannte Investmentsteuergesetz geregelt. Werden Gewinne aus der Veräußerung erzielt, wobei die Investmentfondsanteile erst ab 1. Januar 2009 erworben wurden, so muss der Anleger eine Abgeltungssteuer bezahlen. Vor dem 1. Januar 2009 - also bis zum 31. Dezember 2008 - gab es die einjährige Spekulationsfrist. Dieselben Regelungen gelten zudem auch für die Veräußerungsgewinne, die innerhalb des Fondsvermögens an die Anleger aufgeteilt werden. Selbst Dividenden, unterjährig erzielte Zinsen oder Mieterträge werden durch die Abgeltungssteuer belastet (siehe das Kapitel: "Sollte der Anleger sein Geld in Investmentfonds oder doch lieber in Aktien investieren?/Rechtliche Informationen").

Ab dem Jahr 2018 plant der Gesetzgeber jedoch eine Änderung: Kommt es zur Reformierung des Investmentsteuergesetzes, so werden deutsche Dividenden, Veräußerungsgewinne und auch Mieterträge aus Immobilienverkäufen mit 15 Prozent besteuert - im Gegenzug soll es für den Anleger, je nach gewählter Fondskategorie, auch prozentuale "Teilfreistellungen" geben. Bislang ist jedoch noch nicht geklärt, wie die Reform im Detail aussehen wird.

Die letzten Vorbereitungen

Fakt ist, dass ETF-Fonds leider nicht pauschal empfohlen werden können. Hier ist der Anleger an der Reihe: Er sollte die unterschiedlichen ETF-Fonds miteinander vergleichen und auch die mögliche Reform des Investmentsteuergesetzes berücksichtigen, die im Jahr 2018 umgesetzt werden soll - da es zu einer deutlichen Vereinfachung kommt, ist es gar nicht mehr so wichtig, welche Ausschüttungsart, welches Fondsdomizil oder welche Replikationsmethode besteht. Vor allem Anleger, die einen sehr langfristigen Anlagehorizont haben, werden - so der erste Entwurf der Reform - gehörig profitieren.

Bevor Sie sich entscheiden, müssen Sie natürlich die Qualität überprüfen. Vor allem werden komplexere Strategien, wie etwa Dividenden- oder Value-Ansätze, interessant sein, da diese von der Konzeption des abzubildenden Indexes abhängen. Sie sollten also nicht ständig auf die Höhe der möglichen Dividendenrendite blicken, sondern auch die Dividendenstrategien, die Dividendenkontinuität und auch sonstige Kennzahlen berücksichtigen. Damit Sie die jeweiligen Indizes auch verstehen, sollten Sie sich mit den Factsheets der jeweiligen ETF-Anbieter auseinandersetzen. Hier finden Sie eine plastische Darstellung der Investment-Ansätze.

Ist der Index gefunden, so ist natürlich die Replikationsmethode von Bedeutung. Sie können sich zwischen der indirekten und der physischen Replikation entscheiden (siehe das Kapitel: "Was sind ETFs?").

Die Errichtung des ETF-Portfolios

Anleger werden wissen, dass sich in der Finanzwelt wohl alles um die Zahlen dreht. Folgt man den aktuellen Studien, so haben die Anleger bereits rund 2.500 Milliarden US Dollar in ETF-Fonds investiert.

Zu Beginn stellt sich die Frage, wie viel Geld Sie investieren möchten. Zudem ist entscheidend, wie das Geld aufgeteilt werden soll. Der Experte spricht hier von "Asset Allocation". Was das heißt? Wie viel Prozent des investierten Geldes wollen Sie in Anleihen, Aktien oder auch sonstige Anlageklassen - wie etwa in Rohstoffe - investieren? Wie hoch soll das Risiko tatsächlich sein? Wie hoch soll die Rendite ausfallen? Denken Sie jedoch immer daran, dass Sie niemals Geld investieren sollten, das Sie für das tägliche Leben brauchen. Investieren Sie also nur Summen, die Sie nicht zwingend benötigen. Auch dann, wenn Sie "ganz sichere Tipps" bekommen, sollten Sie nicht alles auf eine

Karte setzen - nur dann, wenn Sie Ihre Emotionen "abschalten", werden Sie die richtigen Entscheidungen treffen.

Problematisch ist die Tatsache, dass es extrem viele ETFs gibt - genau deshalb ist es wichtig, dass Sie sich zu Beginn nicht mit der Frage beschäftigen, in welchen ETF Sie investieren sollen. Sie müssen für sich herausfinden, wie Sie Ihr Geld aufteilen möchten. In welche Anlageklassen sollten Sie also investieren, damit am Ende eine hohe Diversifikation entsteht und das Risiko extrem reduziert werden kann?

Eine Herausforderung, an der bereits einige Starinvestoren gescheitert sind. Jedoch gibt es doch einen recht guten Weg, wie man den Privatanlegern helfen kann - sie müssen einem bestimmten Prinzip folgen, das auf den ersten Blick fast zu einfach erscheint: Der Anleger muss es sich nur so einfach wie möglich machen - komplexe Berechnungen, die am Ende einen Überblick verschaffen sollen, sind für Anfänger eher ungeeignet.

Doch die Aufteilung sollte nicht per Zufall erfolgen. Entscheiden Sie sich für einen sehr hohen Aktienanteil, so müssen Sie sich bewusst sein, dass das Portfolio extrem riskant ausgerichtet ist. Sie müssen - trotz guter Renditeaussichten - auch Kursschwankungen aushalten, die sehr wohl dazu führen, dass Sie Ihr Investment in Frage stellen werden. Derartige Strategien sollten daher nur von Anlegern verfolgt werden, die einen langen Anlagehorizont haben. Entscheiden Sie sich für einen recht hohen Anleiheanteil, so gibt es kaum Kursschwankungen - die Ausrichtung ist jedoch defensiv, sodass Sie sich auch keine sehr hohe Rendite erwarten dürfen.

Doch mehrere Studien haben gezeigt, dass es oft gar keine Rolle spielt, ob 60 Prozent in Aktien und 40 Prozent in Anleihen oder 70 Prozent in Anleihen und 30 Prozent in Aktien investiert werden - erst dann, wenn es wirklich gravierende Extremquoten gibt (90 Prozent zu 10 Prozent), kann das Risiko extrem erhöht oder gesenkt werden.

Konnten auch diese Fragen beantwortet werden, so geht es an die Feinjustierung. Mit welchen Indexfonds sollen also die Quoten abgebildet werden? Die Auswahl ist natürlich enorm. Genau deshalb ist es wichtig, dass Sie sich nur auf zwei oder maximal drei Indexfonds konzentrieren - so behalten Sie einerseits den Überblick und können andererseits auch dafür sorgen, dass die Gebühren nicht in die Höhe schießen und somit die Rendite auffressen.

Empfehlenswert sind Indizes, die die Entwicklungen der Aktien weltweit abbilden. Das sind etwa MSCI World und MSCI Emerging Markets. MSCI World bildet die Wertentwicklung aller großen Aktiengesellschaften ab, die sich vorwiegend in den wichtigsten Industriestaaten befinden. MSCI Emerging Markets konzentriert sich vorwiegend auf Aktiengesellschaften, die in den Schwellenländern beheimatet sind. Ein Tipp: Ein Drittel wird in den Schwellenländer-Index investiert, zwei Drittel fließen in die Industriestaaten.

Folgende Indexfonds, die vom Analysehaus "Morningstar" bewertet wurden, können ebenfalls empfohlen werden:

iShares STOXX Global Select Dividend 100
iShares Core MSCI World
ISIN: DE000A0F5UH1
Vermögen: 1,139 Millionen Euro
Morningstar-Rating: 3 Sterne
Kategorie: Aktien weltweit
Market Return 2016: 12,8 Prozent
Performance vs. Peergroup: 4,3 Prozent
Performance vs. Index: 0,3 Prozent

Comstage MSCI World TRN UCITS ETF
ISIN: IE00B4L5Y983
Vermögen: 8,572 Millionen US Dollar
Morningstar-Rating: 5 Sterne
Kategorie: Aktien weltweit
Market Return 2016: 10,9 Prozent
Performance vs. Peergroup: 4,3 Prozent
Performance vs. Index: 0,2 Prozent

iShares STOXX Europe 600
ISIN: LU0392494562
Vermögen: 1,008 Millionen Euro
Morningstar-Rating: 5 Sterne
Kategorie: Aktien weltweit

Market Return 2016: 10,6 Prozent
Performance vs. Peergroup: 4,0 Prozent
Performance vs. Index: -0,1 Prozent

iShares Core DAX
ISIN: DE0002635307
Vermögen: 5,586 Millionen Euro
Morningstar-Rating: 4 Sterne
Kategorie: Aktien europaweit
Market Return 2016: 1,5 Prozent
Performance vs. Peergroup: 1,9 Prozent
Performance vs. Index: -1,0 Prozent

db x-trackers MSCI World TRN Index UCITS
ISIN: DE0005933931
Vermögen: 82,197 Millionen Euro
Morningstar-Rating: 4 Sterne
Kategorie: Aktien Deutschland
Market Return 2016: 6,6 Prozent
Performance vs. Peergroup: 3,8 Prozent
Performance vs. Index: -0,3 Prozent

iShares Edge MSCI World Minimum Volatility UCITS ETF
ISIN: LU0274208692
Vermögen: 2,858 Millionen US Dollar
Morningstar-Rating: 5 Sterne
Kategorie: Aktien weltweit
 Market Return 2016: 10,5 Prozent
 Performance vs. Peergroup: 3,8 Prozent
Performance vs. Index: -0,3 Prozent

db x-trackers Portfolio Total Return Index
ISIN: IE00B8FHGS14
Vermögen: 1,430 Millionen US Dollar
Morningstar-Rating: 5 Sterne
Kategorie: Aktien weltweit
 Market Return 2016: 10,7 Prozent
Performance vs. Peergroup: 4,10 Prozent
Performance vs. Index: 0,00 Prozent

db x-trackers Stoxx Global Select Dividend 100
ISIN: LU0397221945

Vermögen: 289 Millionen Euro
Morningstar-Rating: 5 Sterne
Kategorie: Mischfonds
Market Return 2016: 7,1 Prozent
Performance vs. Peergroup: 4,0 Prozent
Performance vs. Index: -0,6 Prozent

iShares MDAX UCITS ETF
ISIN: DE000A0F5UH1
Vermögen: 590 Millionen Euro
Morningstar-Rating: 3 Sterne
Kategorie: Aktien weltweit
Market Return 2016: 12,7 Prozent
Performance vs. Peergroup: 4,1 Prozent
Performance vs. Index: 0,1 Prozent

ISIN: DE0005933923
Vermögen: 1,585 Millionen Euro
 Morningstar-Rating: 3 Sterne
Kategorie: Aktien Deutschland
Market Return 2016: 6,2 Prozent
Performance vs. Peergroup: 2,9 Prozent
Performance vs. Index: 2,0 Prozent

Das ETF-Portfolio ist relativ gut zusammengebaut. Nun dürfen Sie in Ruhe die Wertentwicklung verfolgen. Wichtig: Einmal im Jahr sollten Sie einen genauen Blick auf die tatsächliche Wertentwicklung werfen - einerseits muss der Aktien- und andererseits der Anleiheanteil überprüft werden. Mitunter stellen Sie nämlich fest, dass sich das Verhältnis zwischen Anleihen und Aktien verändert hat. Haben sich etwa die Aktienkurse viel besser als die Anleihen entwickelt, so kommt es zu einem automatischen Anstieg der Aktien. Der Aktienanteil wächst also. So ist es möglich, dass aus einer defensiven Ausrichtung eine offensive Ausrichtung wurde - das Risiko ist also gestiegen.

Genau deshalb ist das sogenannte "Rebalancing" wichtig. "Rebalancing" bezeichnet den Umschichtungsprozess. So soll wieder das "erste Portfolio" entstehen, sodass die Anfangsquoten erreicht werden können. Sie müssen also Aktien verkaufen, sodass Sie wieder die Ursprungsquote erreichen. Eine weitere

Möglichkeit, die jedoch teurer ist, funktioniert folgendermaßen: Sie investieren einfach so lange in Anleihen, bis das Ursprungsverhältnis wieder erreicht wurde - ob diese Methode jedoch empfehlenswert ist, muss jeder Anleger für sich selbst entscheiden.

So starten Sie durch

Sie sind auf den letzten Seiten dieses Ratgebers angekommen und werden nun voller Tatendrang sein - Sie wissen nun also, dass Sie in einen ETF-Fonds investieren möchten!

Schritt Nummer 1 - der Broker

Entscheiden Sie sich für den richtigen Broker. Im Internet gibt es zahlreiche Broker, die Wertpapierkonten anbieten. Vergleichen Sie die Leistungen der Broker und achten Sie auch auf die möglichen Gebühren.

Mehr Informationen finden Sie im Kapitel "Der Aufbau des Vermögens - eine Schritt-für-Schritt-Anleitung".

Schritt Nummer 2 - der Fonds

Nun müssen Sie sich für einen Fonds entscheiden. Vergleichen Sie die unterschiedlichen Fonds und entscheiden Sie anhand der Kennzeichen

* Wie hoch waren die Gewinne in der Vergangenheit?

* Gibt es Bewertungen und Prognosen von Ratingagenturen?

* Welcher Index wird abgebildet?

Mehr Informationen finden Sie in den Kapiteln "Sollte der Anleger sein Geld in Investmentfonds oder doch lieber in Aktien investieren? ", "Sind Indexfonds eine bessere Alternative" und im Kapitel "Auf der Suche nach dem passenden Fonds".

Schritt Nummer 3 - die Höhe des Einsatzes

Wie viel Geld möchten Sie veranlagen? Entscheiden Sie sich für einen Sparplan, so bleiben Sie flexibel und können die monatlichen Raten auch erhöhen oder aussetzen, sofern Sie feststellen, dass ein finanzieller Engpass droht. Vielleicht möchten Sie lieber direkt investieren? Auch diese Möglichkeit steht Ihnen zur Verfügung.

Mehr Informationen finden Sie in den Kapiteln "Die schwerwiegendsten Anlagefehler", "Sollte der Anleger sein Geld in Investmentfonds oder doch lieber in Aktien investieren? " und in den Kapiteln "Direktinvestment oder Sparplan?" und "Der Aufbau des Vermögens - eine Schritt-für-Schritt-Anleitung"

Schritt Nummer 4 - reduzieren Sie das Risiko

Sind Sie ein sicherheitsorientierter Anleger oder möchten Sie mitunter auch ein geringes Risiko eingehen, sodass Sie - wenn sich der Markt in die richtige Richtung bewegt - eine höhere Rendite erzielen? Entscheiden Sie sich daher im Vorfeld, in welchen ETF-Fonds Sie investieren möchten und zu welchen Teilen Sie Ihr Geld in Anleihen, Aktien oder sonstige Anlageklassen stecken.

Mehr Informationen finden Sie im Kapitel "Der Aufbau des Vermögens - eine Schritt-für-Schritt-Anleitung".

Schritt Nummer 5 - überprüfen Sie die Wertentwicklung

Einmal im Jahr sollten Sie die Wertentwicklung überprüfen und mitunter Aktien verkaufen, sofern der Aktienanteil extrem gestiegen ist, sodass Sie das Risiko reduzieren können. Eine weitere Alternative, die jedoch oft kostspielig ist: Anleihen kaufen, sodass es am Ende wieder zum anfänglichen Verhältnis zwischen Aktien und Anleihen kommt.

Mehr Informationen finden Sie im Kapitel "Der Aufbau des Vermögens - eine Schritt-für-Schritt-Anleitung".

Nachwort

Noch bevor Sie sich mit alternativen Veranlagungsformen beschäftigen, müssen Sie sich natürlich die Frage stellen, ob Sie
eher ein sicherheitsorientierter Anleger sind oder mitunter auch
gerne einmal das Risiko in Kauf nehmen, um eine richtig hohe
Rendite zu erreichen. Sie haben nun die letzten Seiten des Ratgebers erreicht und kennen zahlreiche Tipps und Tricks - denken
Sie immer daran, bevor Sie sich für eine Veranlagung interessieren. Beachten Sie auch, dass es immer wieder Leute geben
wird, die ganz "sichere Tipps" haben oder Strategien kennen,
mit denen man gar nicht verlieren kann. Nachdem Sie den Ratgeber gelesen haben, werden Sie nun wissen, dass es derartige
Strategien und Tipps aber nicht gibt - jede Strategie und jeder
"sichere Tipp" ist in Wahrheit nur eine Möglichkeit, wie man Geld
lukrieren kann, jedoch gibt es keine Garantie. Die Finanzmärkte
können jederzeit in eine andere Richtung gehen, sodass der
"scheinbar sichere Tipp" zum absoluten Desaster wird.

Jeder Anleger, ganz egal, ob er in recht sichere ETF-Fonds investiert oder sein Geld in Einzelaktien steckt, mit Rohstoffen
handelt oder mit Devisen spekuliert, muss sich bewusst sein,
dass er das Geld, das er in derartige Produkte gesteckt hat,
auch zum Teil verlieren kann. Das schlimmste Szenario? Der
Totalverlust. Genau deshalb sollten nur Summen investiert werden, auf die man im schlimmsten Fall auch verzichten kann. Natürlich darf man nicht mit der Einstellung das Projekt starten,
dass das Geld sowieso verloren wird - wenn sich der Markt aber
in die falsche Richtung bewegt, so sollten Sie zumindest nur aus
den (möglich begangenen) Fehlern lernen und keine finanziell
schwierige Situation erleben.

Seien Sie auch nicht gierig. Natürlich möchte der Mensch, wenn
er sein Geld in alternative Veranlagungsformen steckt, hohe
Rendite erzielen. Oftmals braucht es aber Geduld, hin und wieder natürlich auch etwas Glück. Es gibt keine Garantie, dass
sich die Märkte immer in die richtige Richtung bewegen. Kommt
es einmal zum Verlust, so sollte dieser akzeptiert werden. Den
Einsatz zu erhöhen, um den Verlust auszugleichen, ist keinesfalls
empfehlenswert. Auch im Zuge des ETF-Fonds-Investment ist es
wichtig, dass Sie einen langen Atem haben. Kurse können im-

mer nach unten gehen, jedoch sind ETF-Investments dafür bekannt, dass die Kursabstürze - aufgrund des langen Anlagehorizonts - "problemlos" ausgeglichen werden können. Denken Sie daran, dass es immer wieder nach oben gehen kann. Nur dann, wenn es tatsächlich zum absoluten Absturz kommt, sollte man die Anteile umschichten.

Aufgrund der Tatsache, dass Sie den Ratgeber nun gelesen haben, werden Sie einerseits wissen, was ETF-Fonds sind und andererseits auch einen Überblick bekommen haben, warum ETF-Fonds auch empfehlenswert sind. Natürlich gibt es nicht nur ETF-Fonds - es gibt Aktien, Rohstoffe, den Devisenhandel und auch andere alternative Veranlagungsformen. Investieren Sie jedoch nur dann, wenn Sie auch die Materie verstehen und auch wissen, wie Sie die verschiedenen Handelsinstrumente einsetzen. Machen Sie nie den Fehler, irgendwelchen Seiten im Internet zu vertrauen, die vom großen Reichtum sprechen - derartige Seiten verfolgen mehrere Ziele, wobei ein Ziel ganz sicher nicht verfolgt wird: Ihnen derart zu helfen, sodass Sie keine finanziellen Sorgen mehr haben werden. Im Gegenteil - wenn Sie derartigen Seiten vertrauen und sich von utopischen Versprechen beeinflussen lassen, werden Sie mitunter sogar Geldprobleme bekommen.

Wie bereits erwähnt, sollten Sie immer die Gebühren im Auge behalten. Führen Sie daher Broker-Vergleiche durch und kontaktieren Sie auch Ihre Hausbank, ob diese einerseits ein Depotkonto zur Verfügung stellt und andererseits, welche Gebühren von der Bank verlangt werden. Wir vergleichen heutzutage alle möglichen Dinge - ob es Preise für DVDs oder Computerspiele sind, ob Versicherungsverträge und Beiträge, ob Preise für Tagesmenüs im Restaurant oder auch, welche Tankstelle den günstigsten Sprit anbietet. Genau deshalb sollten wir auch immer jene Gebühren vergleichen, die unsere Ersparnisse und Gewinne "auffressen". Doch auch die Leistungen sind von Bedeutung: Diskontbroker haben zwar sehr günstige Gebührenmodelle, überzeugen jedoch nicht mit angebotenen Leistungen - schlussendlich, auch das werden Sie schnell bemerken, gibt es sehr wohl einen Grund, warum Diskontbroker oft keine Gebühren in Rechnung stellen oder extrem günstig sind. Das soll aber nicht heißen, dass derartige Broker nicht empfohlen werden können. Am Ende müssen Sie sich nur bewusst sein, dass Sie nicht dieselben Leistungen erwarten können, die von Top-Brokern angeboten werden, die dafür auch hohe Gebühren in Rechnung stellen.

Achten Sie auch immer auf die Diversifikation. Setzen Sie nicht alles auf eine Karte und denken Sie daran, dass sich die Märkte immer in die falsche Richtung bewegen können.

Natürlich werden Sie nun zahlreiche Tipps und Tricks kennen, weil Sie den Ratgeber gelesen haben. Jedoch heißt das nicht, dass alle Tipps und Tricks, die auf den letzten Seiten beschrieben wurden, auch tatsächlich zum Erfolg führen. Am Ende geht es im Sinne der Veranlagungen immer darum, dass der maximale Erfolg erzielt und der maximale Verlust verhindert werden. Unvorhergesehene Ereignisse, nicht zu erwartende Veränderungen oder auch die Tatsache, dass man hin und wieder einfach nicht das Glück auf seiner Seite hat, sind allesamt Gründe, warum Investments oftmals in die falsche Richtung gehen können. Doch auch wenn diverse Veranlagungsformen mitunter riskant sind, so gibt es noch immer die ETF-Fonds für Anleger, die sicherheitsorientiert sind.

Kostenfreie Bonusinhalt:

Sie können unter **www.investmentacademy.at/bonus** kostenfreie Bücher herunterladen die die Inhalten dieses Buches ideal ergänzen!

Teil 3: Daytrading für Beginner

Schritt für Schritt von der ersten Aktie zum langfristigen Vermögensaufbau

Einführung

Daytrading beschreibt Börsengeschäfte, also Käufe und auch Verkäufe von Werten, die innerhalb eines Tag durchgeführt werden. Somit handelt es sich um Positionen, die eröffnet und kurze Zeit später wieder geschlossen werden. Das Ziel? Der Daytrader will innerhalb kürzester Zeit von Kursveränderungen profitieren und am Ende einen Gewinn verbuchen. Doch warum soll die eröffnete Position noch am selben Tag geschlossen werden? Der Daytrader will "Gaps", also nicht zu kalkulierende Kurslücken, vermeiden, die dann möglich sind, wenn die Position über die Nachtstunden gehalten wird. In der Regel befasst sich der Daytrader mit sehr derivativen Finanzprodukten (Preis und Entwicklung hängen von einem anderen Finanzprodukt - etwa einer Aktie [Basiswert] - ab), die zudem hoch gehebelt werden (vorwiegend Forex oder CFD - Kapitel: "Welche Finanzprodukte gibt es?"). So ist es möglich, dass selbst kleine Kursänderungen einen hohen Gewinn (aber natürlich auch Verlust) bedeuten. Steigt eine Aktie um 3 Prozent, so wäre mit einem Long-CFD ein Gewinn von 60 Prozent möglich; umgekehrt müsste der Daytrader, wenn der Aktienkurs um 3 Prozent fällt, einen Verlust von 60 Prozent akzeptieren. Natürlich muss der Daytrader vermehrt auf aktuelle Meldungen achten oder sich mit unterschiedlichen Aktienanalysen befassen, sodass er auch weiß, ob und wann Kursveränderungen möglich sind (Kapitel: "Welche Faktoren beeinflussen den Aktienkurs?"). Natürlich lassen sich - vor allem Anfänger - gerne von den hohen Gewinnmöglichkeiten blenden. Wer sich für Daytrading entscheidet, der muss aber auch die Schattenseiten berücksichtigen: Daytrader können zwar hohe Gewinne verbuchen, müssen aber immer wieder Verluste dokumentieren. Fakt ist: Es gibt keinen Daytrader, der immer erfolgreich ist - auch "sichere Strategien" und "Tipps" garantieren keine Gewinne (Kapitel: "Die Trendfolgestrategie").

Zu berücksichtigen ist die Tatsache, dass Daytrading - vor allem innerhalb der Branche - sehr umstritten ist. Einige Experten sprechen von einem "Geheimtipp" und der Möglichkeit, dass "innerhalb weniger Stunden die finanzielle Freiheit möglich ist", andere Experten sind der Ansicht, dass es sich um ein spekulatives und sehr riskantes Geschäft handelt, das keinesfalls einem Anfänger empfohlen werden kann. Die Wahrheit liegt, wie beinahe immer, irgendwo in der Mitte.

Daytrader brauchen ein gutes Equipment. Schlussendlich ist die Geschwindigkeit der wichtigste Faktor. Einerseits muss der Daytrader schnell sein, andererseits müssen auch die Geräte, die für den Handel verwendet werden, eine durchaus hohe Verarbeitungsgeschwindigkeit möglich machen. Doch auch wenn die Geschwindigkeit eine große Rolle spielt, so ist auch die Broker-Plattform von erheblicher Bedeutung (Kapitel: "Auf der Suche nach dem richtigen Broker"). All jene Faktoren haben aber keinen Einfluss, wenn der Daytrader die börslichen und wirtschaftlichen Zusammenhänge nicht versteht, mitunter noch keine Erfahrungen sammeln konnte und vorwiegend auf sein Bauchgefühl vertraut. Nur dann, wenn die Signale schnell und auch richtig erkannt werden, besteht zumindest die Möglichkeit, dass der Daytrader erfolgreich wird und in weiterer Folge auch erfolgreich bleibt.

Die Entwicklung

Daytrading gibt es genauso lange wie die handelbaren Wertpapiere und somit auch genauso lange wie die Börsen. Doch in der Vergangenheit haben sich nicht viele Anleger für das Daytrading interessiert, weil es mit der heutigen Variante keinesfalls verglichen werden kann. Die heutige Daytrading-Variante entstand mit dem technischen Fortschritt und der ständigen Weiterentwicklung des Computers. Es war vor allem der Computer, der das Daytrading komplett revolutioniert hat. In den 1970er Jahren bestand erstmals die Möglichkeit, dass auch mit dem Computer Positionen eröffnet und geschlossen werden konnten. Damals gab es aber nur wenige Anleger, die dieses neuartige Instrument nutzten. Somit war es nur wenigen institutionellen Anlegern möglich, die Vorteile des Daytradings zu nutzen. Heute ist der computerisierte Börsenhandel aber ein fixer Bestandteil - ein Grund, warum es heutzutage auch immer mehr Menschen gibt, die sich für die Börse interessieren. Wer zum Daytrader werden will, der braucht nur einen Computer und einen Internetanschluss. Die letzte Hürde ist Mitte der 1990er Jahre gefallen - durch eine Gesetzesänderung war es auch Privatinvestoren möglich, endlich zu Daytradern zu werden. Ein Vorteil? Nicht ganz. Auch wenn Daytrading einige Vorteile mit sich bringt, so lassen sich - vor allem viele Anfänger - von den möglichen Gewinnchancen blenden. Studien haben bereits gezeigt, dass 90 Prozent der Daytrader scheitern. Doch was machen jene 10 Prozent, die als Daytrader erfolgreich sind, anders?

Sie holen Informationen ein, befassen sich mit den unterschiedlichen Möglichkeiten und haben sich für eine Strategie entschieden, die zwar nicht immer zum Erfolg führt, jedoch dafür sorgt, dass die Verluste begrenzt werden. Denn jeder Anleger, der zum Daytrader werden will, muss sich zu Beginn klar sein, dass nicht nur Gewinne eingefahren werden: Verluste gehören - und das muss jeder Daytrader lernen - einfach dazu. Am Tagesende müssen die Gewinne nur höher als die Verluste ausgefallen sein - erst dann kann von einem Erfolg gesprochen werden (Kapitel: "Wir wird man zum erfolgreichen Daytrader?").

Welche Börsen gibt es?

Die Wertpapierbörsen

An Wertpapierbörsen, die auch gerne als Aktienbörsen bezeichnet werden, dreht sich alles - wie der Name bereits vermuten lässt - um Aktien oder auch Anleihen. Zu den weltweit größten Wertpapierbörsen zählen die Nasdaq, die New York Stock Exchange und auch die Tokio Stock Exchange. Die Börse ist vor allem für Aktionäre interessant - so für Investoren mit einem langen Anlagehorizont oder auch für Daytrader.

Die Devisenbörsen

An den Devisenbörsen wird mit Devisen gehandelt. Devisen, das sind ausländische Währungen, gibt es in verschiedenen Ausprägungsformen. So gibt es Devisen als Bankguthaben, als Schecks oder auch als Wechsel. Die Marktteilnehmer sind vorwiegend Großbanken. Devisenbörsen gehören - mit Abstand - zu den liquidesten Teilbereichen, die auf den Finanzmärkten zu finden sind. Doch nicht nur Banken befassen sich mit dem Devisenmarkt - auch Unternehmen sind hier stark vertreten. Vor allem Unternehmen, die auch global tätig sind und Waren exportieren, sind dem tagtäglichen Devisenrisiko ausgesetzt. Schlussendlich finden regelmäßige Preisbildungen und auch Preisveränderungen statt - etwa dann, wenn bestimmte Landeswährungen stärker gefragt oder mitunter mit einer sinkenden Nachfrage zu kämpfen haben.

Die Warenbörsen

Die Warenbörsen, die allerersten Börsen der Welt, grenzen sich sehr wohl von allen anderen Börsen ab, da hier nur fungible (leicht austauschbare) Werte gehandelt werden - also vorwiegend Rohstoffe oder auch Nahrungsmittel.

Die Terminbörsen

An den Terminbörsen werden - auch hier ist der Name Programm - Termingeschäfte gehandelt. Mitunter sind die Waren- und Terminbörsen sogar gemeinsam anzutreffen. Das liegt wohl an dem Umstand, weil viele Waren Derivaten zugrunde liegen, die in weiterer Folge auch den Basiswert darstellen. Reine Termin- oder Warenbörsen gibt es kaum; in der Regel handelt es sich daher immer um Warenterminbörsen.

Welche Finanzprodukte gibt es?

Aktien

Aktien (Wertpapiere) sind Anteile am Eigenkapital des börsennotierten Unternehmens (Aktiengesellschaft - kurz: AG). Bei einer AG handelt es sich um eine Unternehmensform, wobei sich in der Regel nur größere Konzerne für eine derartige Rechtsform entscheiden. Werden Aktien an der Börse ausgegeben, so beschafft sich das Unternehmen mehr Kapital. Des Weiteren ist die AG eine Rechtspersönlichkeit - muss das Unternehmen Konkurs anmelden, so wird für die Haftung nur das Aktienkapital herangezogen. Der Geschäftsführer haftet also nicht mit dem eigenen Vermögen. Wird das Wertpapier an der Börse gehandelt, so kann dieses - zum aktuellen Kurs - erworben werden. Der Aktienkurs, der (unter anderem) durch Angebot und Nachfrage beeinflusst wird, bewegt sich ständig, sodass sich der Käufer immer wieder die Frage stellen muss, wann der richtige Zeitpunkt für den Erwerb eintritt (Kapitel: "Wann ist der ideale Einstiegspunkt?"). Wer eine Aktie besitzt, der erhält folgende Rechte: Der Aktionär hat ein Recht auf Gewinnausschüttung (sogenannte Dividende), hat ein Recht am Liquidationserlös (sofern das Unternehmen Konkurs anmeldet) und hat auch ein Stimmrecht bei Aktionärshauptversammlungen. Eine Aktie bedeutet eine Stimme. Wenn Aktien gekauft werden, so hofft der Aktionär, dass es in naher Zukunft stabile oder auch steigende Dividendenausschüttungen gibt und die AG ihren Umsatz steigert, sodass es zu einem höheren Gewinn kommt - in weiterer Folge würde dann auch der Aktienkurs steigen. Erwirbt der Anleger 1.000 Aktien für 3,00 Euro/Wertpapier, so hat er 3.000 Euro in das Unternehmen investiert. Steigt der Aktienkurs auf 6,50 Euro/Wertpapier und folgt eine Dividendenausschüttung in Höhe von 1,10 Euro/Wertpapier, so ergibt sich - wenn der Anleger die Aktien verkauft - ein Gewinn von 3.600 Euro (die Dividende beläuft sich auf 1.100 Euro, die 1.000 Aktien würden um 6.500 Euro verkauft werden; abzüglich der Investitionssumme würde somit ein Reingewinn von 3.600 Euro [exklusive Transaktionsgebühren] verbucht werden).

Zu beachten ist, dass es sich hier aber um eine langfristige Veranlagung handelt; Daytrader befassen sich keinesfalls mit Dividenden - sie spekulieren nur mit Kursgewinnen, die innerhalb von Sekunden, Minuten oder Stunden stattfinden.

CFD

"Contracts for Difference", die Differenzkontrakte, kurz: CFD, sind ein Derivat. Das heißt, dass der Wert von mehreren Basiswerten abhängt; in weiterer Folge sorgen die Basiswerte auch für die weitere Wertentwicklung des Derivates. Entscheidet sich der Anleger für CFDs auf den DAX, so hat der DAX einen Einfluss auf die Entwicklung des Differenzkontraktes. Die simple Idee stammt übrigens aus England: Der Trader bezahlt nur einen Bruchteil des tatsächlichen Aktienpreises, profitiert jedoch vollständig vom Kursgewinn - er fährt aber auch den vollständigen Verlust ein, wenn der Kurs nach unten geht. In den letzten 10 bis 15 Jahren haben sich immer mehr Anleger von Differenzkontrakten begeistern lassen. Schlussendlich sprechen CFDs auch Daytrader an: Geringe Investitionssumme, einfaches Konstruktionsprinzip, hohe Gewinnchancen - des Weiteren müssen die Privatanleger nur niedrige Zugangshürden überwinden, sodass all jene, die ein Konto bei einem Broker besitzen, mit CFDs handeln können. Genau das macht die Sache auch extrem gefährlich: Viele Daytrader, die sich für CFDs entschieden haben, vergessen oft die Gefahren - hohe Hebeleffekte können zwar für enorme Gewinne sorgen, jedoch kann sich der Markt auch in die komplett andere Richtung bewegen, sodass es zu einem Totalverlust kommen kann. Wer 1.000 Euro investiert, der kann gut und gerne 100.000 Euro bewegen; selbst kleine Kursbewegungen, die für langfristige Anleger keine erwähnenswerte Bedeutung spielen, sorgen für extrem hohe Gewinne oder Verluste.

Devisen

Der Devisenhandel (Fachjargon: Forex Trading) beinhaltet den Handel mit Fremdwährungen - also Devisen. Zu beachten ist, dass es den Devisenmarkt ausschließlich online gibt; der Handel findet also an keinem bestimmten Ort statt. Aufgrund der Tatsache, dass mit Devisen - in recht kurzer Zeit - hohe Gewinne verbucht werden können, interessieren sich auch immer wieder Daytrader für diese spezielle Art des Tradings. Auch hier gibt es, wie etwa beim Handel mit CFDs, Hebel, sodass nur geringe Einsätze notwendig sind, damit am Ende hohe Gewinne entstehen.

Doch die Risiken dürfen keinesfalls unterschätzt werden: Daytrader, die sich für den Devisenhandel interessieren, können zwar hohe Gewinne erzielen, müssen sich aber auch immer bewusst sein, dass es auch zu einem Totalverlust kommen kann.

Pennystocks

Pennystocks sind Aktien, die einen Wert unter einem Euro oder unter einem Schweizer Franken haben. In den Vereinigten Staaten werden jene Aktien als Pennystocks bezeichnet, die unter 5 US-Dollar notieren. Derartige Einstiegspreise sprechen vor allem Anfänger an. Schlussendlich erwirbt der Anleger, wenn er sich für Pennystocks entscheidet, eine große Anzahl an Wertpapieren. Liegt der Kurs bei 0,85 Cent, so sind das - wenn der Trader 1.000 Euro investiert - rund 1.170 Wertpapiere! Das Problem? Pennystocks haben oft eine hohe Volatilität (Schwankungsbreite). Das heißt, dass es zu extremen Kursschwankungen kommen kann - an einem Tag steigt der Kurs um 50 Prozent, am nächsten Tag fällt der Kurs um 50 Prozent (oder mehr). Wer in Pennystocks investiert, der muss damit rechnen, dass sogar ein Totalverlust möglich ist. Doch genau derartige Kursschwankungen sind vor allem für Daytrader interessant. Ist der Daytrader der Ansicht, dass der Kurs nach oben gehen wird, so kann er von dem kurzfristigen Kursanstieg profitieren - da er die Aktie aber nicht über die Nachtstunden hält, braucht er auch keine Angst vor einem Verlust haben, der am nächsten Tag möglich ist. Problematisch wird die Sache nur dann, wenn statt dem Kursgewinn ein Absturz folgt - die Wahrscheinlichkeit, dass der Verlust dann durch dieselbe Position ausgeglichen wird, ist gering.

Der Aktienkurs

Die Aktien werden zu unterschiedlichen Preisen gehandelt. Zu beachten ist, dass der Aktienkurs in einer bestimmten Währung angezeigt wird - deutsche Aktien werden in Euro angegeben, US-Aktien in US-Dollar. Einerseits gehen die Aktienkurse nach oben, andererseits können die Kurse auch fallen - in der Regel können die Aktienkurse sehr wohl mit den Benzinpreisen an den heimischen Tankstellen verglichen werden. Doch warum gehen die Aktienkurse einmal nach oben und dann wieder schlagartig nach unten? Natürlich werden die Kurse von Angebot und Nachfrage beeinflusst. Interessieren sich mehr Anleger für ein und dasselbe Unternehmen, so steigt der Preis - werden viele Aktien von einer Aktiengesellschaft verkauft, so fällt der Aktienkurs. Natürlich spielen auch die Erwartungen der Trader eine wesentliche Rolle: Erwarten sich die Anleger steigende Kurse, so wird es viele Kaufwillige geben - in weiterer Folge klettert der Aktienkurs in die Höhe. Gehen die Anleger aber davon aus, dass der Aktienkurs nach unten geht, so werden die Wertpapiere verkauft - der Aktienkurs stürzt ab.

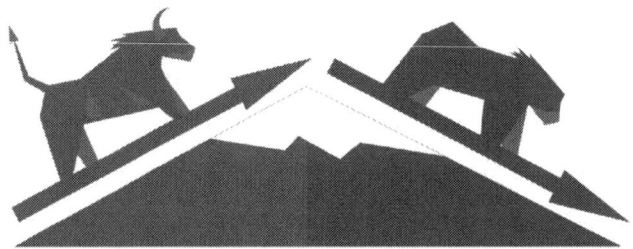

Die Nachfragehöhe wird auch durch negative oder auch positive Unternehmensnachrichten beeinflusst. Verkündet die Aktiengesellschaft positive Nachrichten, so werden sich in weiterer Folge mehr Anleger für das Wertpapier des Unternehmens interessieren. Werden jedoch negative Nachrichten verkündet, so sinkt die Nachfrage. Genau deshalb sind die Präsentationen der Quartalszahlen oder Geschäftsberichte immer von großer Bedeutung - jene Veröffentlichungen haben nämlich einen enormen Einfluss auf die weitere Entwicklung des Aktienkurses. Doch hin und wieder können auch gute Umsatz- und Gewinnzahlen einen negativen Einfluss auf den Aktienkurs haben. Waren die Erwartungen der Anleger nämlich höher, so sind diese keinesfalls zufrieden, wenn das Unternehmen Zahlen präsentiert, die schon im Vorfeld erwartet wurden; selbst dann, wenn der zu erwartende Gewinn eingetreten ist.

Natürlich haben auch Wirtschaft und Politik einen Einfluss auf die Aktienkurse. Vor allem Gesamtwirtschaftsentwicklungen, die jeder Anleger über die Tagesnachrichten verfolgen kann, sorgen oft für einen Anstieg oder Absturz. Zwei Beispiele: 2008, als die Finanzkrise ihren Höhepunkt erreichte, sind die Bank-Aktien abgestürzt; zwischen 2005 und 2007, als der sogenannte "Solarboom" entstand, schossen die Preise für die Solar-Aktien in die Höhe.

Welche Faktoren beeinflussen die Aktienkurse?

Die wirtschaftliche Situation

Selbstverständlich hat die wirtschaftliche Gesamtsituation einen nicht zu unterschätzenden Einfluss auf die Aktienkurse. Blickt man neuerlich auf das Jahr 2008, so zeigt sich deutlich, was mit den Aktienkursen passieren kann: Die Finanzkrise hat die Aktienkurse in den Keller fallen lassen - die Wirtschaftsaussichten waren negativ, sodass immer mehr Menschen ihre Wertpapiere verkauften. Schlussendlich bedeuten negative Wirtschaftsaussichten, dass die Unternehmen weniger Umsatz lukrieren und somit einen geringen Gewinn erzielen. Kommt es sogar zu einem Verlust, so fallen die Aktienkurse der Gesellschaft. Doch die Wirtschaft hat nicht nur negative Auswirkungen auf die Aktienkurse: Sind die Aussichten positiv, so spekulieren viele Anleger mit höheren Umsätzen und auch mit höheren Gewinnen - übertrifft ein Unternehmen die eigenen Erwartungen (und die Erwartungen der Anleger und Beobachter), so wird auch in weiterer Folge ein Kursanstieg zu beobachten sein. Doch die Wirtschaft ist nur ein Teilbereich - es gibt sehr wohl auch andere Faktoren, die die Aktienkurse beeinflussen und somit keinesfalls unterschätzt werden dürfen. Vor allem auch dann nicht, wenn man sich für das Daytrading interessiert. Während bei einem langfristigen Anlagehorizont Verluste ausgeglichen werden können, wenn man Geduld hat und der Meinung ist, der nächste Monat oder das nächste Jahr werden besser, so handelt es sich hier um Zeitspannen, die dem Daytrader nicht zur Verfügung stehen.

Die politische Situation

Selbstverständlich hat auch die politische Situation, ob im Inland oder auch im Ausland, Auswirkungen auf die Aktienkurse. 2001, das Jahr, in dem die Terrororganisation "Al Kaida" die USA angriffen und Terroristen mit zwei Passagiermaschinen in das World Trade Center flogen, kam es in weiterer Folge zu einer weltweiten Krise, die auch zu einer weltweiten Instabilität führte. Die Folge? Die Aktienkurse sind allesamt eingebrochen. Politische Krisen, auch das hat die Vergangenheit immer wieder gezeigt, haben sehr wohl negative Auswirkungen. Wäre die große Koalition in Deutschland vorzeitig durch die CDU/CSU oder SPD beendet worden, so wären wohl die Aktienkurse jener Unternehmen abgestürzt, die sich im DAX befunden hätten. Hätte Marine Le Pen die Präsidentschaftswahl in Frankreich gewonnen, so hätte dieser Sieg ebenfalls negative Auswirkungen auf die europäischen Börsen gehabt. Aber auch politische Entscheidungen, die nicht nur von den demokratisch legitimierten Parteien getroffen werden, können die Aktienkurse beeinflussen: Senkt die Europäische Zentralbank den Europäischen Leitzinssatz, so werden die Aktienkurse vorwiegend steigen; steigt der Europäische Leitzinssatz, so muss der Anleger davon ausgehen, dass die Aktienkurse fallen. Bieten die Banken und Gesellschaften nämlich unattraktive Guthabenzinssätze an, die die Folgen eines niedrigen Leitzinssatzes sind, so investieren die Sparer lieber in Aktien. Steigen die Guthabenzinssätze jedoch, so entscheiden sich die Sparer für verzinsliche Geldanlagen und genießen mitunter die Sicherheit, wenn ihnen ein "garantierter Zinssatz" angeboten wird.

Die psychologischen Faktoren

Heutzutage darf man auch keinesfalls die psychologischen Faktoren ignorieren. Selbst diese beeinflussen die Aktienkurse! "Angst", das Schreckenswort an jeder Börse, lässt die Aktienkurse oftmals abstürzen. Hat der Anleger nämlich die Angst, dass sein Unternehmen, in das er investiert hat, nicht die Erwartungen erfüllen kann, so werden die Aktien - noch bevor es zum Kursabsturz kommt - verkauft. In vielen Fällen kommt es zu Panikverkäufen: Die Aktienkurse sinken, die Anleger verkaufen ihre Wertpapiere - in weiterer Folge fällt Kurs weiter, sodass noch mehr Anleger ihre Aktien verkaufen. Ein Teufelskreislauf, der oftmals gar nicht begründet werden kann, weil immer wieder andere Faktoren fehlen, sodass sich viele Analysten und Experten nicht erklären können, warum die Aktienpreise eines Unternehmens fallen. Natürlich kann sich der Markt auch in die komplett andere Richtung bewegen: Gerüchte, Ankündigungen oder sonstige Nachrichten, die positiver Natur sind, können die Stimmung der Anleger derart verändern, sodass diese in ein bestimmtes Unternehmen investieren. Somit kann es auch zu Kursanstiegen kommen, die ebenfalls nicht begründet werden können.

Die Nachrichten

Auch globale Ereignisse haben Auswirkungen auf die Aktienkurse. Nicht immer muss es sich um Nachrichten des Unternehmens handeln; hin und wieder genügen bereits Spekulationen oder Änderungen im Vorstand einer Aktiengesellschaft, die die Aktienkurse in die Höhe treiben oder in den Keller fallen lassen. Aus diesem Grund ist es wichtig, dass sich die Anleger - vor allem auch die Daytrader - im Vorfeld informieren, wann es Präsentationen zu Geschäftszahlen gibt. Geht der Daytrader davon aus, dass die Nachrichten, die vom Unternehmen verkündet werden, positiver Natur sind, so kann der Aktienkurs - innerhalb weniger Stunden - in die Höhe schießen. Selbstverständlich können auch Nachrichten über das Unternehmen veröffentlicht werden, die zwar nicht unbedingt der Wahrheit entsprechen müssen, jedoch dafür verantwortlich sind, dass die Aktienkurse fallen. Hin und wieder, das wissen natürlich auch die Daytrader, hat man Pech, wenn Aktien erworben werden und in weiterer Folge Nachrichten dafür sorgen, dass der Kurs abstürzt. Doch natürlich können unvorhergesehene Nachrichten auch dazu führen, dass der Aktienkurs steigt, wenn mitunter die Mitteilung kommt, dass das Unternehmen wohl einen höheren Gewinn verbuchen konnte. Selbst Spekulationen, die mitunter gar nicht der Wahrheit entsprechen müssen, haben Auswirkungen auf die Aktienkurse.

Die Aktienanalyse

Natürlich gibt es, wie bereits erwähnt, zahlreiche Faktoren, die einen Einfluss auf die Aktienkurse haben. Der Anleger, ganz besonders der Daytrader, sollte sich aber nicht nur auf wirtschaftliche, psychologische oder politische Situationen und die dadurch entstehenden Auswirkungen konzentrieren - bevor Aktien erworben werden, ist auch eine Aktienanalyse durchzuführen. Das Ziel? Der Daytrader muss herausfinden, ob der Aktienkurs demnächst steigen oder fallen wird. Natürlich ist es mitunter nicht ganz so einfach, wenn man als Daytrader aktiv ist und darauf hoffen muss, dass der Aktienkurs innerhalb eines Tages steigt. Hier befinden sich vor allem jene Anleger im Vorteil, die sich für eine langfristige Investition entschieden haben. Den Tradern stehen mehrere Möglichkeiten zur Verfügung, wenn sie eine Aktie analysieren möchten. Beliebt sind die technische Analyse und auch die sogenannte Fundamentalanalyse. Beide Analysen haben Vor- und Nachteile; beide Analysen geben zudem einen Einblick, wobei das nicht bedeutet, dass am Ende genau gesagt werden kann, ob der Aktienkurs steigt oder fällt. Denn auch wenn die Analyse ergibt, dass der Kurs demnächst steigen wird, so gibt es noch immer die wirtschaftlichen, politischen oder auch psychologischen Faktoren (Kapitel: "Welche Faktoren beeinflussen die Aktienkurse"), die das Ergebnis einer Analyse verzerren können.

Die technische Analyse

Entscheidet sich der Anleger für die technische Analyse, so befasst er sich zunächst mit den zurückliegenden Kursentwicklungen; er wird auch auffällige Kursinformationen und Kursmuster berücksichtigen. In der Regel wird der Chart herangezogen - genau deshalb spricht man bei der technischen Analyse auch von einer "Chartanalyse" oder der sogenannten "Charttechnik". Auch im Zuge der technischen Analyse werden die kursbeeinflussenden Faktoren (betriebs- und auch volkswirtschaftliche Daten, politische Aspekte und auch die Psychologie der Marktteilnehmer) herangezogen. Im Rahmen der technischen Analyse geht der Trader davon aus, dass alle Ereignisse, die den Kurs beeinflussen, sich in den Notierungen niederschlagen. Schlussendlich handelt der Trader in der "Zukunft" - er muss also herausfinden, ob sich der Aktienkurs nach oben oder nach unten begeben wird. Natürlich entwickeln sich die Aktienkurse nicht zufällig - auch Trends, die immer wieder beobachtet werden, haben einen Ursprung. Hier berufen sich viele Anleger auf das erste Newtonsche Gesetz: Trends setzen sich immer solange fort, bis sie auf die Gegenkraft stoßen. Zudem sind viele Anleger der Meinung, dass sich die Geschichten oftmals wiederholen. Es kommt zu Grundmustern, die immer wieder auftreten und dafür verantwortlich sind, ob die Aktienkurse fallen oder steigen.

Die Fundamentalanalyse

Der Anleger konzentriert sich auf fundamentale Aktiendaten, sodass er in weiterer Folge zu der Entscheidung gelangt, ob er das Wertpapier kaufen oder - sofern er dieses schon besitzt - verkaufen soll. Die Fundamentalanalyse ist zwar nicht unbedingt für Daytrader geeignet, kann aber durchaus eine Hilfe sein, wenn man die Sicherheit möchte, ob sich die Investition lohnen könnte. Im Zuge der Fundamentalanalyse wird etwa das Kurs-Gewinn-Verhältnis (KGV) berücksichtigt - eine, vor allem für Anleger mit einem längeren Anlagehorizont, sehr beliebte Kennzahl. Zu den weiteren Kennzahlen, die im Zuge einer Fundamentalanalyse berücksichtigt werden, gehören das Kurs-Cashflow-Verhältnis (KCV), das Kurs-Umsatz-Verhältnis (KUV) und auch das Kurs-Buchwert-Verhältnis (KBV). Auch die Dividendenrendite und die Eigenkapitalquote werden berücksichtigt und sollen am Ende Hinweise liefern, ob die Aktie gekauft oder verkauft werden sollte.

Zu beachten ist, dass es nicht immer die technische oder fundamentale Analyse sein muss. Viele Trader befassen sich mit beiden Analysen, sodass sie am Ende die Entscheidung treffen können, ob sich eine Investition lohnen wird oder nicht.

Empfehlungen aus dem Internet

Natürlich kann jeder Privatanleger eine eigene Aktienanalyse durchführen, damit er am Ende aussichtsreiche Wertpapiere findet. Jedoch sind viele Anleger überfordert, weil sie zahlreiche Börseninformationen, Zeit und auch Erfahrung benötigen. Auch

Daytrader, die bereits schon mehrere Jahre im Geschäft sind, müssen nicht immer der Meinung sein, dass sie die Aktien richtig analysiert haben. Vor allem Anfänger, die sich erst seit kurzer Zeit mit der Thematik des Daytradings befassen, stoßen hier oft an ihre Grenzen. Eine Alternative sind Empfehlungen von Börsenexperten, die Aktienanalysen vornehmen und in weiterer Folge kostenlos (oder kostenpflichtig) veröffentlichen. So gibt es Informationen im Internet oder auch kostenpflichtige Tipps, die per E-Mail übermittelt werden. Problematisch ist hingegen die Tatsache, dass es - wie fast in jeder Branche - auch "schwarze Schafe" gibt. Daytrader sollten keinesfalls irgendwelchen "Spezialisten" vertrauen, die im Internet ihre "ganz sicheren Tipps" veröffentlichen.

Wichtig ist, dass der Anfänger, wenn er schon Aktienanalysen von Experten durchführen lassen möchte, sich nur an namhaften Größen orientiert. Eine weitere Möglichkeit sind auch Empfehlungen durch Banken. Vor allem größere Aktiengesellschaften werden gerne von verschiedenen Banken analysiert - so etwa von der Deutschen Bank, Morgan Stanley, der Commerzbank oder auch von Goldman Sachs oder Merrill Lynch. In der Regel gibt es hier die Empfehlungen "Halten" (neutrale Bewertung), "Kaufen" (positive Bewertung) oder "Verkaufen" (negative Bewertung). Derartige "Empfehlungen" finden sich im Internet oder auch in verschiedenen Fachzeitschriften. Der Daytrader muss sich aber bewusst sein, dass auch Banken nicht immer richtig liegen müssen. Wenn Morgan Stanley ein Unternehmen empfiehlt und meint, die Wertpapiere können problemlos gekauft werden, so heißt das nicht, dass der Aktienkurs automatisch steigen wird. Weitere Informationen erhalten Sie auch im kostenlosen Bonusinhalt. Den Zugang dazu finden sie am Ende des Buches.

Das Depot

Wer Aktien kaufen oder mit anderen Wertpapieren handeln möchte, der braucht zuerst ein Wertpapier- oder auch Aktiendepot. Ein Depot wird entweder bei der Hausbank oder direkt über einen Online-Broker eröffnet. In dem Depot werden dann in weiterer Folge die erworbenen Aktien verwahrt und auch verwaltet. Kauft der Anleger also Aktien, so befinden sich diese in weiterer

Folge im Depot und können beobachtet werden. Der Anleger wird aber feststellen, dass es zahlreiche Broker gibt, sodass im Vorfeld ein Vergleich durchgeführt werden sollte. Noch immer gibt es zahlreiche Banken, die horrende Gebühren in Rechnung stellen, wenn der Anleger ein Depot eröffnet. Mitunter können für die Depot- und Verwaltungsgebühren - pro Jahr - um die 30 Euro in Rechnung gestellt werden. Diese Kosten sollten unbedingt vermieden werden, da sie in weiterer Folge den Gewinn schmälern. Online-Broker verzichten oft auf derartige Gebühren. Dennoch muss der Anleger darauf achten, dass das Depot nicht zur Gänze kostenlos ist - es gibt nämlich auch sogenannte Transaktionskosten zu entrichten. Diese fallen beim Kauf und Verkauf von Aktien an - so müssen Börsengebühren (abhängig vom Handelsplatz) oder auch sogenannte Orderprovisionen bezahlt werden. In der Regel handelt es sich um eine fixe Provision, die - je nach Online-Broker - zwischen 3 Euro und 8 Euro betragen kann. Es gibt aber auch volumenabhängige Provisionen.

Tipp: Der Anleger sollte sich für einen Broker entscheiden, der eine kostenlose Kontoführung anbietet und auch keine horrenden Transaktionsgebühren verlangt - nur so kann der Anleger auch mögliche Kosten einsparen, die die Gewinne drastisch schmälern können. Fakt ist: Online-Broker sind weitaus günstiger, wobei sich der Anleger bewusst sein muss, dass er keine Filiale aufsuchen kann und mitunter auch keinen fixen Berater zur Seite gestellt bekommt. Wer also eigenständig Aktien kaufen oder verkaufen möchte, der sollte sich für einen Online-Broker entscheiden. Benötigt der Anleger jedoch immer wieder Hilfe oder fühlt sich wohler, wenn er von einem Berater begleitet wird, sollte es ein Depot bei seiner Hausbank anlegen oder sich für eine Filialbank entscheiden, die nur geringe Gebühren in Rechnung stellt.

Die Definition des Anlageziels

Noch bevor der Anleger die ersten Aktien erwirbt, sollte er ein Anlageziel definiert haben. Bevor es also zu ersten Transaktionen kommt, müssen folgende Fragen beantwortet werden:

Welcher Betrag steht zur Verfügung?

Einsteiger sollten zuerst eher kleinere Beträge investieren. Zudem sollte nur Geld in Aktien fließen, das kurzfristig auch nicht benötigt wird. Kommt es nämlich zu Verlusten, weil sich die Märkte in die "falsche Richtung" bewegen, so muss der Anleger nicht verkaufen, wenn er das Geld benötigt - er kann abwarten und darauf hoffen, dass sich die Märkte wieder in die "richtige Richtung" begeben. All jene, die sich für einen Wertpapierhandel auf Kredit entscheiden, sollten sich immer bewusst sein, dass der Aktienmarkt auch Risiken mit sich bringt, die keinesfalls unterschätzt werden dürfen. Aus diesem Grund kann es keinesfalls empfohlen werden, wenn Anleger einen Kredit aufnehmen, mit dem danach Aktien erworben werden sollen. Diese Strategie ist äußerst gefährlich!

Der Anleger sollte also nur frei verfügbares Kapital einsetzen, das er demnächst nicht benötigt, sodass es zu keinen Notverkäufen kommt, sofern unvorhergesehene Rechnungen zu begleichen sind oder mitunter Anschaffungen fällig werden, mit denen im Vorfeld nicht gerechnet werden konnte. Der Anfänger sollte also keinesfalls sein gesamtes Vermögen in Aktien investieren - auch dann nicht, wenn er "sichere Tipps" bekommen hat, wie er sein Geld vermehrt. In der Regel empfehlen Finanz- und Anlageexperten 20 Prozent des Vermögens. Besitzt der Anleger also ein Vermögen in der Höhe von 20.000 Euro, so sollte er maximal 2.000 Euro in Aktien stecken.

Welches Risiko will der Anleger eingehen?

Entscheidet sich der Anleger für Aktien, so geht er auch ein gewisses Risiko ein, weil "sichere Tipps" nicht automatisch auch Gewinne bedeuten. Der Anleger muss also immer wieder mit Kursrückgängen rechnen. Da die Aktienkurse schwanken, so können 5.000 Euro, die vor wenigen Wochen in Aktien investiert wurden, plötzlich schon einmal einen Wert von 10.000 erreichen. Natürlich ist auch die andere Richtung möglich - aus den 5.000 Euro sind plötzlich 2.100 Euro geworden. Je höher also die Chance des Wertpapiers, desto größer ist natürlich auch das Risiko. Auch wenn es keine sicheren Wertpapiere gibt, so kann das Risiko eines Verlusts gemindert werden, wenn sich der Anleger für stabile Aktien entscheidet. Hier sind zwar keine hohen

Kursgewinne zu erwarten, jedoch muss der Anleger auch keine Angst vor möglichen Verlusten haben. Am Ende profitiert er durch die Dividendenausschüttungen.

Welche Rendite erwartet sich der Anleger?

Der Anleger muss sich im Vorfeld entscheiden, wie hoch die Gewinne ausfallen sollen - natürlich spielt hier auch der Zeitraum eine wesentliche Rolle. Anfänger sollten immer auf langfristige Renditen setzen - kurzfristige Renditen sind zwar möglich, jedoch müsste der Anfänger in riskante Wertpapiere investieren. Realistisch sind Rendite zwischen 3 Prozent bis 10 Prozent/Jahr! Doch warum scheitern viele Anleger? In erster Linie wollen sie - so schnell wie möglich - hohe Gewinne verbuchen. Vielen Anlegern fehlt auch die Geduld - läuft es nicht wie gewünscht, so werden die Aktien verkauft, ganz egal, ob sie sich im Plus oder im Minus befinden. Der Anleger, vor allem der Anfänger, sollte daher immer ein langfristiges Ziel verfolgen und sich im Vorfeld bewusst sein, dass die Märkte auch immer in die andere Richtung gehen können. Am Ende muss der Anleger nur Geduld bewahren - irgendwann bewegen sich die Märkte wieder in die gewünschte Richtung, sodass Verluste automatisch ausgeglichen werden.

Die Wahl des passenden Wertpapiers

Für welches Wertpapier sollte sich der Anleger letztendlich entscheiden? Ist der Anfänger sicherheitsorientiert oder doch eher risikofreudig? Ob sicher oder hochspekulativ - dem Anleger stehen verschiedene Möglichkeiten zur Verfügung. Wichtig ist, dass er im Vorfeld Informationen einholt, sodass er auch weiß, was ihn erwarten könnte.

Aktien

Ein Unternehmen verfügt in der Regel nicht über genügend finanzielle Mittel, damit in weiterer Folge auch alle Investitionsvorhaben problemlos finanziert werden können. Damit dieser finanzielle Engpass aber nicht um Problem wird, kann sich das Unternehmen für den sogenannten Börsengang entscheiden. Für die Ausgabe von Aktien (Emission) wird neues Kapital aufgenommen. Der Betrag, der von den einzelnen Investoren für die einzelne Aktie bezahlt wird, fließt in weiterer Folge in das Unternehmen - es entsteht also neues Kapital. Im Gegenzug erhält der Investor Aktien - er ist also der Miteigentümer des Unternehmens geworden. Der Aktionär hat somit auch ein Mitspracherecht an zukünftigen Projekten. Das Stimmrecht wird durch die erworbenen Aktien bestimmt - je mehr Aktien der Anleger besitzt, desto gewichtiger ist auch sein Mitspracherecht. Der Börseneinsteiger sollte sich aber bewusst sein, dass es auch unterschiedliche Formen gibt (Aktiengattungen). Die Aktiengattungen unterscheiden sich etwa nach der Übertragbarkeit oder nach dem Stimmrecht.

Der Kauf und Verkauf

Will der Anleger Aktien kaufen oder verkaufen, so kann er diese über einen Börsenplatz erwerben oder veräußern; in vielen Fällen bieten die Online-Broker auch einen außerbörslichen Handel an, sodass der Verkauf über einen Direkthandelspartner und nicht über die Börse erfolgt.

Stammaktien

Verfügt der Aktionär über sogenannte Stammaktien, so kann er auch an Hauptversammlungen teilnehmen und mitbestimmen, welche Projekte umgesetzt oder welche Investitionen getätigt werden sollen. Je mehr Aktien der Anleger besitzt, desto mehr Einfluss hat er am Ende auch auf die Abstimmungen.

Vorzugsaktien

Vorzugsaktien sind das Gegenstück zu den Stammaktien. Der Anleger verfügt über kein Stimmrecht, darf sich aber über eine bevorzugte Behandlung freuen, sofern Dividenden ausgeschüttet werden. Besitzt der Anleger also Vorzugsaktien, so darf er sich mitunter über eine höhere Dividende freuen.

Namensaktien

Damit der Anleger seine Rechte geltend machen kann, muss er in der Gesellschaft eingetragen sein. Eine derartige Eintragung erfolgt jedoch nur über Wunsch und wird über die depotführende Bank durchgeführt. Im Aktionärsregister werden dann die persönlichen Daten des Anlegers - dazu gehören der Name, das Geburtsdatum und die Anzahl der erworbenen Aktien - vermerkt.

Inhaberaktien

Entscheidet sich der Anleger für Inhaberaktien, so stehen ihm alle Pflichten und Rechte zu, die der Besitz dieser Aktie mit sich bringen kann. Inhaberaktien sind sehr beliebt, da sie problematisch gehandelt werden können - durch einen Kauf oder Verkauf werden die Aktien problemlos an andere Käufer oder Verkäufer übertragen.

Chancen und Risiken

Der Aktionär profitiert von den Kurssteigerungen und erzielt in der Regel höhere Rendite als bei festverzinslichen Anlagen (etwa Anleihen). In vielen Fällen erhalten die Anleger auch eine Dividende, sodass es zu einer Steigerung der Rendite kommt. Werden pro Aktie 2 Euro bezahlt, wobei der Anleger 500 Aktien besitzt, so erhält er eine Extra-Zahlung von 2.000 Euro.

Natürlich hängen der Aktienkurs und die Dividende vom Unternehmenserfolg ab - die Rendite, die im Zuge des Investments erzielt werden kann, kann daher nie sicher vorhergesagt werden. Verbucht das Unternehmen keine Erfolge, so kann es auch zu einem Kursverlust kommen. In weiterer Folge muss der Anleger sogar mit einer negativen Rendite rechnen. Selbst ein Totalverlust ist möglich. Das bedeutet, dass das Geld, das er in das Unternehmen investiert hat, zur Gänze verloren wurde. Ein Totalverlust tritt jedoch nur selten ein; erst dann, wenn der Anleger alle möglichen Tipps und Tricks ignoriert, steigt die Wahrscheinlichkeit dieses Szenarios.

Anleihen

Anleihen sind sogenannte verzinsliche Wertpapiere und haben unterschiedliche Laufzeiten. Zu den Anleihen gehören auch Rentenpapiere, Pfandbriefe oder auch Schuldverschreibungen. Für die Unternehmen sind Anleihen eine zusätzliche Möglichkeit, wie sie zu noch mehr Kapital kommen können. Gemeinden und Länder können die Anleihen herausgeben, damit ein Haushaltsdefizit ausgeglichen werden kann. Banken geben Anleihen in Form von Pfandbriefen oder Schuldverschreibungen heraus, sodass ein Kreditgeschäft finanziert wird. Wird eine Anleihe gekauft, so gewährt man also einen Kredit. Wird die Anleihe in weiterer Folge verkauft, so bekommt der Anleger den Kaufbetrag zurück und erhält zusätzliche Zinsen, die seit dem Kauf erwirtschaftet wurden. Kommt es zu einer Insolvenz des Unternehmens, so wird der Anleger automatisch zum Gläubiger. Ein wesentlicher Unterschied zu Aktien? Die Anleihen sind nicht börsenpflichtig. Der Anleger kann die Anleihen über die Hausbank oder auch über den Online-Broker beziehen. Erwirbt der Anleger Anleihen, so muss er die Transaktionskosten bezahlen. Eventuelle Kursgewinne und Zinserträge sind steuerpflichtig.

Chancen und Risiken

Anleihen sind relativ sicher. Der Anleger darf sich auf Erträge aus der Verzinsung freuen und kann zudem auch von Kursgewinnen ausgehen, die ebenfalls einen positiven Einfluss auf das Kapital haben. Das ist jedoch nur möglich, wenn die Anleihen auch während der gewählten Laufzeit wieder veräußert werden. Wartet der Anleger mit dem Verkauf bis zum Ende der Laufzeit, so erhält er nur das eingesetzte Kapital und den Zinsertrag - er profitiert also keinesfalls von möglichen Kursgewinnen.

Problematisch ist der Umstand, dass das Unternehmen natürlich Insolvenz anmelden kann. In diesem Fall wird der Anleger zum Gläubiger. Der Anleger muss in weiterer Folge davon ausgehen, dass er nicht das gesamte Kapital zurückbekommt. Liegt zudem eine niedrige Verzinsung vor, so kann das Vermögen - sofern die Inflation höher ist - schrumpfen. Ein langfristiger Kapitalaufbau ist daher kaum möglich.

CFDs

"Contract for Difference", sogenannte Differenzkontrakte, die auch als CFDs bezeichnet werden, sind hochspekulative Derivate. Hier spekuliert der Anleger nur auf die Differenz des jeweiligen Kauf- und Verkaufspreises eines Basiswerts. Die Basiswerte sind in der Regel Aktien, können aber auch Devisen, Rohstoffe oder Anleihen sein. Der Anleger investiert also nicht direkt in einen Vermögenswert - er spekuliert nur mit der Kursentwicklung. CFDs sind also derivate Finanzinstrumente, die eine Ähnlichkeit mit Optionsscheinen oder Zertifikaten haben. Die CFDs werden zudem auch nicht über die Börse gehandelt - sie werden von Brokern und Banken zur Verfügung gestellt. Der CFD-Handel ist auch über das Internet möglich. Damit der Anleger mit CFDs handeln kann, muss er ein Depot oder Konto haben, auf das die Sicherheit (Prozentsatz des Transaktionswertes) einbezahlt wird. Diese Sicherheit setzt sich aus der Differenz der Absicherungssumme, dem Kurs, die Transaktionskosten und Finanzierungskosten zusammen. Erträge, die durch den CFD-Handel erwirtschaftet werden, sind steuerpflichtig. Der Vorteil? Durch die geringe Sicherheitsleistung kann mitunter ein Handelsvolumen im vier- bis fünfstelligen Bereich bewegt werden; der Anleger muss gerade einmal 10 Prozent (brokerabhängig) des Gesamtwerts aufbringen. Die Differenz wird vom Broker zwischenfinanziert.

Chancen und Risiken

CFDs sind vor allem für spekulative Anleger geeignet, da durchaus hohe Gewinne möglich sind. Die Gewinne werden durch den Hebeleffekt generiert. Der Anleger muss zudem nur einen Teil des tatsächlichen Basiswerts bezahlen, profitiert aber von der gesamten Kursentwicklung.

Der CFD-Handel sorgt zwar für extrem hohe Gewinne, ist aber sehr riskant, sodass er keinesfalls einem Anfänger empfohlen werden kann. Reicht die einbezahlte Sicherheitsleistung nämlich nicht aus, so kommt es zur gefürchteten Nachschusspflicht - der Anleger muss also den entstandenen Verlust ersetzen, sodass er die Mehrkosten zu tragen hat. Auch wenn es einige Broker gibt, die auf eine Nachschusspflicht verzichten (automatische Stop-Loss-Funktion), so sind CFDs nur sehr erfahrenen Anlegern zu empfehlen.

Fonds

In den Fonds werden die Gelder zahlreicher Anleger gesammelt, die - je nach Investitionssumme - einen entsprechenden Anteil erhalten. Fonds werden in der Regel von erfahrenen Fondsmanagern verwaltet; diese sorgen dafür, dass das Kapital der Anleger ertragreich in Vermögenswerte investiert wird. So kann der Fondsmanager in Rohstoffe, Aktien oder auch Immobilien investieren - am Ende spielt die Ausrichtung des Fonds eine wesentliche Rolle. Mitunter werden auch die einzelnen Vermögenswerte kombiniert, sodass es zu einer breiten Streuung kommt. Die breite Streuung - auch Diversifikation genannt - mindert das Risiko eines Verlusts. Fonds werden von der BaFin - der Bundesanstalt für Finanzdienstleistungsaufsicht - kontrolliert. Die Fondsanteile werden über Broker, Banken oder direkt bei der Fondsgesellschaft gekauft. Der Anleger muss auch hier etwaige Gebühren entrichten, die die Gewinne jedoch schmälert. So gibt es Depotgebühren (einmal pro Jahr) und auch einmalige Kosten zu entrichten, die bei einem Kauf oder Verkauf anfallen. Darunter fallen etwa Ordergebühren oder auch die Transaktionskosten. Alle Einnahmen, die durch einen Fonds erzielt werden, sind steuerpflichtig.

Chancen und Risiken

Fonds werden professionell durch Fondsmanager verwaltet. Des Weiteren muss der Anleger keine hohen Summen investieren - er kann bereits mit wenig Kapital eine breite Streuung erzielen. Der Anleger profitiert also von den Ertragschancen und der Tatsache, dass Fonds relativ risikoarm sind.

Jedoch hängen die Risiken und die Erträge von der Ausrichtung des Fonds ab. Auch hier gilt, dass hohe Gewinnchancen dafür sorgen, dass auch ein erhöhtes Risiko besteht.

Optionsscheine

Zertifikate und Optionsscheine gehören zu den strukturierten Anlagen. Erwirbt der Anleger einen Optionsschein, so erwirbt er auch das Recht, dass er eine Ware verkauft, wobei der Termin des Verkaufs und der Preis des Verkaufs im Vorfeld festgelegt werden. Jedoch ist der Anleger nicht verpflichtet, dass er die Ware auch tatsächlich verkauft. Die Optionsscheine erhält man bei Banken, Online-Brokern oder Sparkassen. Die Käufe und Verkäufe sind auch über die Börse möglich. Die Preise der Optionsscheine werden verbindlich in Form von Geld- oder Briefkursen festgelegt. Briefkurse sind in der Regel niedriger, Geldkurse deutlich höher. Der Vorteil ist, dass der Anleger nur die Depotgebühren entrichten muss - es gibt nur sehr geringe Ausgabeaufschläge oder Verwaltungsgebühren, die im Zuge des Optionsscheinhandels bezahlt werden müssen.

Chancen und Risiken

Optionsscheine ermöglichen sehr hohe Renditen. Der Vorteil liegt darin, dass der Anleger überproportional von den Kursgewinnen profitiert. Doch Optionsscheine sind auch extrem riskant - sie gehören, wie auch die CFDs, zu den sehr riskanten Anlageformen. Am Ende der Laufzeit können nämlich die Kurse derart stark gefallen sein, dass der Anleger einen horrenden Verlust verbuchen muss.

Wie wird das Depot zusammengestellt?

Der Anleger hat seine Anlagenziele definiert, ein Depot eröffnet und weiß, in welche Wertpapiere er investieren möchte? In weiterer Folge stellt sich die Frage, wie er das Depot zusammenstellen soll, damit er das Risiko reduziert.

Anleger werden dann langfristig erfolgreich, wenn sie eine vernünftige und auch kluge Anlagestrategie verfolgen. Natürlich spielt auch die Risikoneigung eine wesentliche Rolle. Während ein sicherheitsorientierter Anleger wohl in Mischfonds oder Anleihen investiert, wird ein risikofreudiger Anleger gerne in Einzelaktien oder auch direkt in Aktienfonds investieren. Am Ende ist aber die Streuung - die Diversifikation - wichtig. So kann der Anleger das Risiko mindern. Wer sein ganzes Geld auf eine Karte setzt, der kann zwar am Ende hohe Gewinne einfahren, muss sich aber durchaus bewusst sein, dass selbst ein Totalverlust eintreten kann.

Investiert der Anleger in Unternehmen, die sich vorwiegend in

Wachstumsmärkten befinden, so kann dieses Investment lukrativ sein, da derartige Unternehmen bekannt dafür sind, dass sie ihre Gewinne stark steigern. Natürlich hat dieser Umstand einen erheblichen Einfluss auf den Aktienkurs, der in weiterer Folge steigen kann. Jedoch müssen die Gewinne nicht immer steigen - das Risiko liegt darin, dass das Unternehmen nicht die Erwartungen erfüllt und die Aktienkurse in den Keller fallen. Anders sind die sogenannten "Value-Aktien". Hier handelt es sich um Unternehmen, die sich in etablierten Märkten befinden und schon seit Jahren (oder Jahrzehnten) die Marktführer sind. Auch wenn die "Value-Aktien" nicht so chancenreich sind, so ist das Verlustrisiko gering. Von "Value-Aktien" profitieren vor allem jene Anleger, die sich auf die Dividendenzahlungen konzentrieren. Auch die Dividendenzahlungen haben einen Einfluss auf die Rendite - sie sorgen für eine kontinuierliche Steigerung des Kapitals. Auch wenn der Anleger keine schnellen Gewinne erhält, so darf er sich auf langfristige Rendite freuen, die das Kapital erhöhen. Das Depot könnte folgendermaßen gestaltet sein: Der Anleger investiert 40 Prozent in Value-Aktien, wobei er 10 Prozent in die Immobilienbranche, 25 Prozent in den Elektromobilmarkt und 5 Prozent in Fin-Tech-Unternehmen investiert. 60 Prozent fließen in Aktien, die gute Aussichten haben. Auch hier sollte der Anleger in mehrere Branchen und auch in unterschiedliche Länder investieren. Der Hintergedanke? Die Wahrscheinlichkeit, dass alle Märkte zur selben Zeit schwächeln, ist gering. Hat der amerikanische Immobilienmarkt Verluste eingefahren, sodass jene Positionen um 13 Prozent fallen, die Aktien des asiatischen Elektromobilmarktes und des europäischen Immobilienmarktes aber um insgesamt 25 Prozent zulegen, so befindet sich der Anleger mit 12 Prozent im Plus. Würde das Gesamtvermögen in den amerikanischen Immobilienmarkt investiert worden sein, so hätte der Anleger einen Wertverlust von 13 Prozent erlitten.

Der Aktienkauf

Die Börse ist komplex und durchaus kompliziert. Viele Analysten und Experten, die sich tagtäglich mit den einzelnen Werten befassen, beurteilen in weiterer Folge die Ertragschancen. So werden einige Aktien empfohlen, andere Aktien wiederum derart eingestuft, sodass der Aktionär sie besser nicht kaufen sollte.

Problematisch wird es dann, wenn es für Aktien zwei Meinungen gibt - ein Umstand, der immer wieder eintritt. Das liegt auch an der Tatsache, dass die Experten und Analysten andere Ziele verfolgen können. Wer sich für eine langfristige Vermehrung des Kapitals entscheidet, der wird mit Aktien, die eher stabil bleiben, sehr wohl eine richtige Entscheidung getroffen haben; wer einen schnellen Gewinn anstrebt, der sollte auf hochspekulative Aktien setzen. Bevor der Anleger eine Aktie erwirbt, sollte er also Informationen einholen

.

Ratsam sind die Meinungen von Börsen-Größen wie Benjamin Graham, George Soros, Warren Buffet oder auch Peter Lynch. Natürlich - auch sie müssen nicht immer auf der Siegesstraße sein, haben in den letzten Jahrzehnten aber derart viel Geld mit Aktien verdient, sodass man durchaus die Chance hat, auch als Anfänger ein wenig Geld zu machen. Doch der Anleger sollte nicht nur auf die Ratschläge der Börsen-Größen vertrauen: Aktien sollten nur dann erworben werden, wenn man auch das Unternehmen kennt und auch weiß, wofür das Unternehmen steht, welche Investitionen geplant werden oder wie es in der Zukunft weitergehen soll.

Hat sich der Anleger für eine Aktie entschieden, so muss er ent-

weder den Bankberater kontaktieren oder sein Depot beim On-line-Broker besuchen. In weiterer Folge wird der Aktienkurs überprüft - liegt der Kurs bei 4 Euro/Aktie und möchte der Anleger 1.000 Euro investieren, so erhält er rund 250 Aktien. Steigt der Kurs auf 7,20 Euro, so befindet er sich im Plus und darf sich über einen aktuellen Wert von 1.800 Euro freuen. Fällt der Aktienkurs jedoch auf 2,70 Euro, so sind aus den 1.000 Euro plötzlich 675 Euro geworden. Der Anleger sollte sich daher im Vorfeld bewusst werden, wann er die Aktien verkaufen will. Werden die Aktien verkauft, wenn die 2.000 Euro-Marke erreicht wurde? So muss der Anleger bei einem Kurs von 8 Euro/Aktie verkaufen. Wird die Position geschlossen, wenn der Verlust begrenzt werden soll, so ist im Vorfeld zu überlegen, ob bei einem Verlust von 200 Euro oder erst 500 Euro verkauft werden soll.

Die Strategien

In den letzten Jahren sind verschiedene Strategien in den Mittelpunkt gerückt, durch die - so einige Experten - das Kapital "problemlos vermehrt" werden kann. Am Ende spielt es aber keine Rolle, für welche Strategie sich der Anleger entscheidet - alle Strategien haben Vor- und Nachteile. Fakt ist: Es gibt tatsächlich keine Strategie, die Gewinne garantiert und Verluste unmöglich macht - auch "ganz sichere Strategien", die im Internet beworben werden, verhindern keine Verluste.

Die Dividendenstrategie

Folgt man der Dividendenstrategie nach Benjamin Graham, so entscheidet sich der Anleger für eine sehr konservative Strategie. Das heißt aber nicht, dass hier keine Gewinne erzielt werden. Der Anleger investiert in Unternehmen, die hohe Dividendenausschüttungen garantieren. Der Vorteil? Der Anleger konzentriert sich nicht auf die Kursentwicklungen - er richtet sein Augenmerk auf die Dividendenauszahlungen, die in weiterer Folge für den Gewinn sorgen sollen. Heute gibt es bereits eigene Indizes, so etwa den DivDax, in denen die dividendenstärksten Papiere gelistet werden. Hier finden sich die etablierten Unternehmen, Versorger und Konsumgüterproduzenten. Die Dividendenstrategie kann sicherheitsorientierten Anlegern empfohlen werden, die zudem einen langfristigen Anlagehorizont verfolgen.

Die "Dividend Low 5"-Strategie

Entscheidet sich der Anleger für die sogenannte "Dividend Low 5"-Strategie, so wählt er jene zehn Werte aus, die die höchsten Dividenden ausbezahlen - in weiterer Folge entscheidet er sich für fünf Unternehmen, die die niedrigsten Börsenkurse haben. Das mag zwar ungewöhnlich klingen, ist aber - so zumindest die Experten - gewinnbringend. Der Anleger erhält - Jahr für Jahr - Dividendenausschüttungen und darf zudem auch noch auf steigende Kurse hoffen, die die Gewinne in die Höhe treiben. In vielen Fällen wirken nämlich die Aktien, die sehr niedrige Kurse haben, "günstiger" - da viele Anleger lieber in "günstigere Aktien" investieren, so ist die Wahrscheinlichkeit groß, dass es auch zu einer Wertsteigerung kommt. In den letzten Jahren wurde diese Strategie immer beliebter - das heißt aber nicht, dass sie auch in naher Zukunft funktionieren wird.

Die Strategie der Relativen Stärke

Bei dieser Strategie handelt es sich um eine Aktienstrategie, die in der Vergangenheit durchaus erfolgversprechend war. Die "Strategie der Relativen Stärke" geht auf Levy zurück. Er war der Meinung, dass Aktien, die einen positiven Trend haben, auch in naher Zukunft steigen werden. Dabei ist die "Relative Stärke" eine Kennzahl, die zeigen soll, wie sich der Aktienkurs zum Vergleichsindex entwickelt. Je größer also die sogenannte "Relative Stärke", desto schneller steigt die Aktie zum Aktienindex. Bei dieser Strategie werden die Werte mit den Werten von anderen Aktien verglichen - der Anleger erhält also einen Überblick über das Kursverhalten und den Gesamtmarkt. Jedoch ist es wichtig, dass betriebswirtschaftliche Kennziffern berücksichtigt werden, sodass der Anleger auch erfährt, wie das Verhältnis des Kurses zu Gewinn, Umsatz, Buchwert und Cash-Flow ist. Mitunter kann es nämlich vorkommen, dass Aktien, die eine "hohe Relative Stärke" aufweisen, bereits deutlich überbewertet sind. Der Aktienkurs steigt also nicht mehr - mitunter kann der Kurs sogar fallen, sodass der Anleger einen Verlust verbuchen muss.

Die Value-Strategie

Die Value-Strategie gehört zu den bekanntesten Aktienstrategien. Sie beruht auf der Graham-Idee und wurde in den letzten Jahren von zahlreichen Investoren optimiert. Auch hier konzentrieren sich die Anleger auf unterbewertete Aktien - die Unterbewertung soll ein langfristiges Kurspotential versprechen. Somit investiert der Anleger in werthaltige Aktien, die jedoch extrem im Kurs steigen können, da das sogenannte Zukunftspotential noch nicht erkannt wurde. Hier hilft eine systemische Analyse, die mit Hilfe der fundamentalen Unternehmenskennzahlen durchgeführt werden kann.

Die Trendfolgestrategie

Entscheidet sich der Anleger für die sogenannte Trendfolgestrategie, so schließt er sich der Schwarmintelligenz der anderen Anleger an. Ein Trend kann über einen längeren Zeitraum anhalten - entscheidet sich der Anleger zu Beginn eines Trends für eine Aktie, so profitiert er von steigenden Kursbewegungen. Verkauft der Anleger am Ende des Trends, so kann er sich über einen stattlichen Gewinn freuen. Wichtig ist, dass der Anleger aber sogenannte Trends erkennt - diese werden über Trendfolgeindikatoren ermittelt. Verluste können durch Stop-Loss-Order begrenzt werden - jeder Trend kann nämlich auch in die andere Richtung gehen, sodass die steigenden Kursbewegungen plötzlich abnehmen und der Kurs abstürzt. Die Trendumkehr ist mitunter der gefährlichste Aspekt dieser Strategie. Die fundamentalen Werte, die für viele Strategien berücksichtigt werden sollten, spielen hier jedoch keine wesentliche Rolle. In vielen Fällen werden grafische und auch mathematische Analysen durchgeführt, sodass der Anleger einen Trend erkennt und auch weiß, wann er die Aktien kaufen und wann er diese wieder verkaufen soll. Auch wenn das Risiko nicht außer Acht gelassen werden darf, handelt es sich - sofern die Trends auch tatsächlich erkannt werden - um eine recht erfolgversprechende Strategie.

Die Daytrader-Strategie

Aktienstrategien sind langfristiges - wer kurzfristige Erfolge feiern will, sollte immer auf aktuelle Trends oder auch Entwicklungen achten. Daytrader, die Positionen nur für wenige Stunden besitzen, gehen ein extrem hohes Risiko ein, dürfen sich aber - wenn ihre Vermutungen in Erfüllung gehen – auf hohe Gewinne freuen. Die Daytrader-Strategie kann keinesfalls einem Anfänger empfohlen werden. Einerseits ist die Strategie extrem riskant, andererseits benötigt man einen hohen Einsatz. Verändert sich der Kurs von 5,20 auf 6,00 Euro, so schrumpfen die 1.000 Euro gerade einmal auf 1.152 Euro. Das mag zwar - zumindest auf den ersten Blick - lukrativ wirken, wobei hier natürlich auch etwaige Transaktionskosten abgezogen werden müssen. Zudem besteht die Gefahr, dass der Kurs auch in die andere Richtung gehen kann - so werden, innerhalb von wenigen Stunden, aus 1.000 Euro mitunter nur 576 Euro, sofern der Kurs auf 3 Euro landet.

Fakt ist: Strategien, die angeblich "sicher" sind, gibt es wie Sand am Meer. Der Anleger muss sich aber bewusst sein, dass jede Strategie, ganz egal, wie sicher sie zu sein scheint, ein Risiko mit sich bringt. Übrigens, wer einem echten Profi bei der Arbeit zusehen möchte, kann alle zwei Wochen dem Top-Trader Rüdiger Born online über die Schulter schauen. Fachbegriffe und Methoden der Analyse lernt man dabei fast wie von selbst. Und sollte mal doch etwas unklar sein, können Herrn Born im Chat live Fragen gestellt werden, auf die er direkt eingeht. Für weitere Informationen hier klicken.

Die Aktienkennzahlen

Die Tatsache, dass es extrem viele Aktien gibt, erschwert natürlich den Umstand, dass der Anfänger auch auf das richtige Pferd setzt. In welche Aktien sollte der Anfänger also investieren, wenn er Gewinne verbuchen möchte? Gibt es Tipps und Tricks, wie man Aktien für Einsteiger erkennt? Damit sich der Anfänger im komplexen Börsenumfeld orientieren kann, sodass er auch die passenden Aktien findet, sollte er sich für eine Aktienanalyse entscheiden. So gibt es im Rahmen der Fundamentalanalyse zahlreiche Kennzahlen, die am Ende einen Einblick geben sollen, ob ein Investment lohnenswert wäre oder nicht. Die Kennzahlen helfen auch beim direkten Vergleich der unterschiedlichen Aktien. Am Ende soll der Anfänger die Sicherheit haben, dass er sich für Aktien entschieden hat, die auch Gewinne mit sich bringen. Viele Anfänger werden vermutlich "Angst" haben, wenn sie sich mit den Kennzahlen befassen. Schlussendlich wirken diese komplex - wer jedoch einen genaueren Blick auf die Aktienkennzahlen wirft, der wird relativ schnell erkennen, dass das System nicht ganz so schwer zu verstehen ist. Natürlich haben die Profis hier den Vorteil, dass sie die Aktien schon seit Jahren analysieren und sofort wissen, auf welche Merkmale sie achten müssen. Auch wenn die Kennzahlen in die richtige Richtung gehen, so heißt das aber noch lange nicht, dass sich Erfolge einstellen werden. Die Sicherheit, dass das Investment in die richtige Richtung geht, gibt es einfach nicht - auch dann nicht, wenn man die Kennzahlen miteinander vergleicht und feststellt, welche Aktien empfehlenswert sind und welche mitunter nicht.

Das Kurs-Gewinn-Verhältnis - KGV

Das Kurs-Gewinn-Verhältnis - kurz: KGV - ist die wohl bekannteste Kennzahl, die folgendermaßen gebildet wird:

KGV = der Kurs der Aktie / der Gewinn der Aktie

Zur Berechnung wird der aktuelle Börsenkurs der Aktie und der Gewinn, also die Dividende des Vorjahres oder auch die zu erwartende Dividende, herangezogen. Liegt der Aktienkurs bei derzeit 30 Euro, wobei die Dividende des letzten Jahres 2,00 Euro betragen hat, so ergibt sich in weiterer Folge ein KGV von 15. Würde der Aktienkurs bei 60 Euro liegen und die Dividende bei 3,50 Euro, so gibt es ein KGV von 17,15. Doch was sagt das KGV tatsächlich aus? Das KGV gibt dem Aktionär die Anzahl jener Jahre an, die bei einer konstant hohen Dividendenausschüttung - ab dem aktuellen Zeitpunkt - benötigt würde, damit der Kauf der Aktie vom Unternehmen finanziert wird. Folgt man dem ersten Beispiel, so dauert es also 15 Jahre, bis der ausgeschüttete Gewinn den Preis der Aktie bezahlt hat - beim zweiten Beispiel wären es über 17 Jahre. Das KGV kann daher folgendermaßen interpretiert werden: Je niedriger das KGV ist, desto schneller sind die Investitionen, also der Kaufpreis der Aktie, durch den Gewinn des Unternehmens bezahlt. Folgt man dieser Formel, so sollten Aktien mit niedrigerem KGV berücksichtigt werden. Der Anleger sollte jedoch beachten, dass die KGVs nicht immer miteinander gegenübergestellt werden dürfen. Das KGV kann nämlich auch schwanken - es kommt somit auf die einzelnen Branchen und auch auf die Gesamtwirtschaft an. Wer sich für diese Kennzahl entscheidet, sollte daher auch die weiteren Unterschiede berücksichtigen, die im Zuge einer Analyse auftreten können. Wer sich nur auf das KGV verlässt, wird mitunter ein paar Faktoren ignorieren, die jedoch wesentlich für den weiteren Erfolg sein könnten.

Die Eigenkapitalquote - EKQ

Die Eigenkapitalquote - kurz: EKQ - ist eine weitere Kennzahl, die gerne zur Analyse für Aktien herangezogen wird. Damit diese Kennzahl bestimmt und in weiterer Folge auch interpretiert werden kann, muss zunächst die Definition des Begriffes Eigenkapital erfolgen. Das Eigenkapital beschreibt sämtliche Mittel, die die Unternehmer zur Verfügung stellen - auch realistische Gewinne, die in weiterer Folge nicht ausgeschüttet werden, bilden das Eigenkapital. Jene Summen verbleiben zu Investitionszwecken im Unternehmen. Es handelt sich also um Gelder, die ausschließlich für das Unternehmen genutzt werden. Abzugrenzen ist dabei das Fremdkapital, das von externen Kapitalgebern zur Verfügung gestellt wird. Dazu gehören etwa Banken, die dem Unternehmen Geld leihen. Das Fremdkapital bildet - in Verbindung mit dem zur Verfügung gestellten Eigenkapital - das Gesamtkapital des Unternehmens. Konzentriert sich der Aktieneinsteiger auf das Eigenkapital, so muss er folgende Formel nutzen, sodass er am Ende eine Übersicht über die Eigenkapitalquote erhält:

EKQ = (das Eigenkapital / das Gesamtkapital) x 100

Hier bestimmt die Eigenkapitalquote den Anteil in Prozent des Eigenkapitals am gesamten Kapital des Unternehmens. Doch was soll die Eigenkapitalquote dem Aktionär sagen, wenn sich dieser für die Aktien der Gesellschaft interessiert? Gibt es eine sehr hohe Eigenkapitalquote, so ist das Unternehmen nur gering verschuldet und hat daher ein deutlich geringeres Insolvenzrisiko. Die Wahrscheinlichkeit, dass das Unternehmen also in finanzielle Schwierigkeiten gerät, ist gering. Aufgrund der Tatsache, dass eine erhöhte Eigenkapitalquote auch dazu führt, dass eine bessere Bonität - also Kreditwürdigkeit - gegeben ist, so besteht die Möglichkeit, dass das Unternehmen auch leichter ein Fremdkapital bekommt und somit weitere Investitionen planen und umsetzen kann. Das Unternehmen ist also durchaus liquid und zukunftsorientiert. Die Eigenkapitalquote sagt also etwas über die finanzielle Stabilität des Unternehmens aus. Je höher die Quote, desto stabiler die finanzielle Situation. Des Weiteren reduziert eine hohe Eigenkapitalquote auch die tatsächliche Abhängigkeit von Kapitalgebern - das Unternehmen hat also noch einen Spielraum, damit eigenständige Entscheidungen getroffen werden können. Dieser Faktor darf keinesfalls außer Acht gelassen werden, wenn sich der Anleger für ein Unternehmen interessiert. Jedoch gilt auch hier: Ist die Eigenkapitalquote hoch, so ist dieser Umstand natürlich positiv - der Umkehrschluss, dass dem Unternehmen jedoch nichts passieren kann, ist jedoch falsch. Sehr wohl können Investitionen oder Umsatzrückgänge dazu führen, dass sich das Eigenkapital reduziert. In weiterer Folge sind auch Unternehmen, die eine hohe Eigenkapitalquote haben, nicht automatisch vor einer Insolvenz geschützt. Die Wahrscheinlichkeit, dass ein derartiges Unternehmen jedoch Insolvenz anmelden muss, ist deutlich geringer. Zudem gibt es - je nach Branche - starke Schwankungen, die ebenfalls berücksichtigt werden sollten, bevor eine Investition geplant wird.

Das Kurs-Buchwert-Verhältnis - KBV

Das Kurs-Buchwert-Verhältnis - kurz: KBV - wird folgendermaßen gebildet:

KBV = der Kurs der Aktie / den Buchwert der Aktie

Der Buchwert des Unternehmens drückt die "Substanz" aus. Somit stellt der Buchwert auch das Eigenkapital des Unternehmens dar. Das Eigenkapital wird in den jeweiligen Quartalsberichten veröffentlicht und gibt dem Aktionär einen Einblick, sodass er das KBV berechnen kann. Das KBV drückt also im Endeffekt das Verhältnis zwischen dem bilanziellen Eigenkapital und der Marktkapitalisierung aus - es kommt also zur Errechnung des Buchwerts. Doch warum können der Buch- und der Marktwert unterschiedlich ausfallen? Der Aktienkurs setzt sich durch Angebot und Nachfrage zusammen. Das Eigenkapital, das jedoch in der Bilanz zu finden ist, orientiert sich nach den Bilanzierungsvorschriften. Das bedeutet, dass es sogar möglich ist, dass der Marktwert des Unternehmens sogar über dem bilanziellen Eigenkapital liegt - das ist auch umgekehrt möglich, sodass der Marktwert unter dem bilanziellen Eigenkapital liegt. Doch was sagen derartige Ergebnisse über das Unternehmen aus und wie sollte sich der Anleger entscheiden, wenn er sich für das KBV entscheidet? Gibt es ein hohes KBV, so darf sich der Anleger durchaus Hoffnungen auf eine sehr positive Entwicklung machen - liegt der Wert jedoch unter 1,0, so könnte die Firma übernommen werden, wobei der bilanzielle Eigenwert nicht erreicht wird. Das wäre - für die Firma und den Anleger - jedoch nicht wünschenswert. Wer die unterschiedlichen KBVs vergleicht, der wird relativ schnell feststellen, dass die KBVs jedoch nicht in allen Branchen miteinander verglichen werden dürfen. Aus diesem Grund ist es ratsam, wenn es nur branchenähnliche Vergleiche gibt, sodass am Ende auch ein aussagekräftiges Ergebnis erzielt wird.

Fakt ist: Anleger, die sich mit den Aktienkennzahlen befassen, sollten sich nicht nur auf eine Formel verlassen. Wichtig ist, dass nur Aktien erworben werden, die viele positive Kennzahlen beinhalten. Ist der Anleger unsicher, so sollte er sich für eine andere Gesellschaft entscheiden.

Die Aktienanalyse

Bevor sich der Anfänger für Aktien entscheidet, sollte er eine Aktienanalyse durchführen. Analysen sind aber komplex - hier sollte sich der Anfänger zunächst ein Basiswissen aneignen, damit er am Ende nicht nur auf sein Bauchgefühl hören muss. Es gibt Bücher, Zeitschriften und auch Webinare und Tutorials, die einen Aufschluss darüber geben, wie Aktien analysiert werden können. Nur dann, wenn der Anleger auch weiß, welche Chancen und Risiken möglich sind, kann er sich für die richtigen Aktien entscheiden. Doch auch hier gilt: Anleger, die der Meinung sind, dass die Analyse das Risiko zur Gänze reduziert, irren sich - auch dann, wenn Kennzahlen positiv und Analysen gut verlaufen, so gibt es noch lange keine Garantie, dass die Aktien auch tatsächlich Gewinne mit sich bringen. Der Markt kann sich - wie bereits erwähnt - immer in eine andere Richtung begeben. Damit also ein langfristiger Vermögensaufbau erzielt wird, sollte der Anleger wissen, wie die Aktienkurse überhaupt entstehen - dabei sind natürlich wieder einmal Angebot und Nachfrage im Mittelpunkt. Ist der Anleger überzeugt, dass der Wert einer Aktie angemessen und fair ist, so kann er die Aktie erwerben. Auch dann, wenn die Aktie - so der Anleger - über dem tatsächlichen Wert liegt und eine rosige Zukunft vor sich hat, sollte er in die Gesellschaft investieren. Liegt der aktuelle Kurs aber deutlich über dem sogenannten "inneren Wert", so sollten die Aktien in weiterer Folge verkauft werden. Ist die Nachfrage größer als das tatsächliche Angebot, so steigt der Aktienkurs. Gibt es mehr Anleger, die die Aktien verkaufen, so wird der Kurs in weiterer Folge wieder abstürzen. Auch individuelle Unternehmenssituationen - so etwa die Gewinnentwicklung, die durch externe Einflüsse (politische oder wirtschaftliche Situationen) manipuliert werden kann - können den Aktienkurs beeinflussen. Selbst Trends, die in den einzelnen Branchen jederzeit möglich sind, haben einen Einfluss auf die Aktienpreise. Selbst die Stimmung der Aktionäre kann sich auf die Aktienkurse niederschlagen. Es gibt also viele Faktoren, die am Ende den Aktienkurs eines Wertpapiers bestimmen und in weiterer Folge nach oben klettern oder in den Keller fallen lassen. Können die vielen Einflussfaktoren sind mitunter auch dafür verantwortlich, dass nur wenige Anfänger auch wissen, auf welche Faktoren sie achten müssen, wenn sie sich für den Aktienhandel entscheiden. Damit jedoch die Wahrscheinlichkeit erhöht werden kann, dass der Aktienpreis mit der Zeit nach oben klettert, sollte sich der Anleger mit der Analyse der jeweiligen Aktie befassen. Das Ziel? Es sollten derart viele Informationen generiert und verarbeitet werden, sodass der Anleger weiß, ob er sich für die Aktie entscheiden soll oder nicht. Nur dann, wenn der Anleger die Hintergründe weiß und mitunter eine Ahnung hat, wie es in der Zukunft weitergehen wird, kann er eine fundierte Kauf- oder auch Verkaufsentscheidung treffen. Natürlich wäre ein "Universaltool" wünschenswert, jedoch ist dieses noch nicht im Handel erhältlich. Selbstverständlich gibt es ein paar Seiten, die mit "ganz sicheren Tools" arbeiten und diese auch anbieten - aber auch hier handelt es sich, wie etwa bei den "ganz sicheren Strategien", um Tools, die zwar hilfreich sein können, aber noch lange nicht garantieren, dass sich die Aktie in die richtige Richtung bewegt.

Dem Anleger stehen zwei Zugänge zur Verfügung, wie er in weiterer Folge eine Bewertung durchführen kann - einerseits gibt es die technische und andererseits die Fundamentalanalyse. Entscheidet sich der Anleger für die Fundamentalanalyse, so werden branchen- und unternehmensspezifische und auch gesamtwirtschaftliche Informationen herangezogen und für die weitere Kauf- oder mitunter Verkaufsentscheidung berücksichtigt. Da die technische Analyse eine grafische Beurteilung des aktuellen und bisherigen Kursverlaufs einer Aktie darstellt, ist hier der Chart von maßgebender Bedeutung. Er hat in weiterer Folge einen Einfluss auf die Entscheidung des Anlegers. Beide Analysen - also die technische oder die Fundamentalanalyse - sollen den Anlegern dabei helfen, dass sie am Ende Rückschlüsse ziehen können, ob sie die Aktie erwerben sollen oder nicht. Wichtig ist, dass zahlreiche Informationen gesammelt werden, die am Ende einen Einfluss auf die Kauf- oder Verkaufsentscheidung haben. Nur dann, wenn sämtliche Daten und Informationen berücksichtigt wurden, kann der Anleger auch vom Kauf oder Verkauf profitieren. Wer auf eine Analyse verzichtet und sich nur auf sein Bauchgefühl verlässt, der braucht am Ende extrem viel Glück, da es keine nachvollziehbaren Erklärungen gibt - hier zählt also nur das Bauchgefühl. Aktien sind jedoch - hier sind sich alle Experten einig - kein Glücksspiel. Das Bauchgefühl ist definitiv kein guter Begleiter oder auch Ratgeber.

Die Fundamentalanalyse

Einer Fundamentalanalyse liegt ein sogenanntes Wertkonzept zugrunde. Die Aussage? Was sich in letzter Zeit bewährt hat, wird natürlich auch in der Zukunft noch Bestand haben. Dieser Ansatz ist definitiv nicht falsch, wenn der Anleger unterscheiden will, ob es sich um ein bewährtes oder doch eher fragwürdiges Unternehmen handelt. Lohnt sich ein Investment in ein beständiges Unternehmen oder sollte lieber riskiert werden? Mit einer Fundamentalanalyse ist es möglich, dass ausgewählte Kennzahlen einen Überblick verschaffen, wie es um die Unternehmensbilanz steht. Das Ziel? Der innere Wert der Gesellschaft wird bestimmt. Liegt die Aktie also unter dem inneren Wert, so sollte diese in weiterer Folge erworben werden. Folgende Details dienen der Beurteilung, wenn die Frage geklärt werden soll, ob die Aktien einer Gesellschaft gekauft werden sollten:

Profitabilität/Erträge

Private Anleger entscheiden sich vorwiegend für das bereits erwähnte Kurs-Gewinn-Verhältnis - kurz: KGV. Dabei wird der aktuelle Kurs durch den zu erwartenden Gewinn der Gesellschaft geteilt. Der Wert, der sich durch diese Berechnung ergibt, sollte niedrig sein. Das Kurs-Umsatz-Verhältnis - kurz: KUV - gibt keinen Einblick über den aktuellen Kurs und somit über den Gewinn - hier wird der Umsatz berücksichtigt. Bei Unternehmensbilanzen werden in der Regel das EBITDA (der Gewinn vor Zinsen, Abschreibungen und Steuern) oder das EBIT (der Gewinn vor Steuern und Zinsen) berücksichtigt. So können die Erträge der Unternehmen verglichen werden, die jedoch verschiedene Bilanzierungsstandards verwenden. Jedoch werden derartige Berechnungen gerne von Experten kritisiert, da EBITDA und EBIT durchaus leicht manipuliert werden können. Selbst dann, wenn die Berechnungen ergeben, dass die Aktie empfehlenswert wäre, muss das nicht der Wahrheit entsprechen, wenn es im Vorfeld etwaige Manipulationen gab.

Die Finanzkraft

Das sogenannte Kurs-Buchwert-Verhältnis - kurz: KBV - drückt die Relation von Buchwert und Aktienkurs aus. Das KBV beschreibt also die Substanz des Unternehmens, wenn mitunter die Tatsache eintritt, dass es keinen Umsatz mehr erzielt. Mittels Eigenkapitalquote - kurz: EKQ - kann problemlos überprüft werden, wie unabhängig ein Unternehmen ist, wenn es kein Fremdkapital bezieht. Ist das Unternehmen finanziell stabil oder mitunter auf externe Geldgeber angewiesen, die dem Betrieb Leben einhauchen? Je höher die Eigenkapitalquote, desto niedriger die Verschuldung - das ist natürlich positiv, da das Unternehmen auf eigenen Beinen stehen kann. Das sogenannte Kurs-Cashflow-Verhältnis - kurz: KCV - kann ebenfalls herangezogen werden, wobei Privatanleger gerne darauf verzichten. Das ist jedoch ein Fehler! Das KCV verrät durchaus einige Informationen, die für den weiteren Verlauf des Aktienkurses von Bedeutung sind! Schlussendlich ist das KCV weniger anfällig für etwaige Manipulationen und präsentiert auch die tatsächlichen Geldflüsse der Gesellschaft. Um das KCV zu berechnen, muss der Aktienkurs in weiterer Folge durch den Cashflow geteilt werden.

Die Wachstumschancen

Die Wachstumschancen können nur ausgesprochen schwer von den Kennzahlen erfasst werden. Ein Indiz: Die Gesellschaft konnte in den letzten Jahren Umsatz und Gewinn steigern - der Anleger kann also davon ausgehen, dass diese Entwicklung anhält, sodass auch in naher Zukunft Gewinne steigen und somit ein noch höherer Umsatz erzielt werden kann. Natürlich gibt es auch innovative Branchen, die zwar gute Wachstumschancen haben, jedoch durchaus riskant sind. Dazu gehören etwa die Märkte für Elektromobilität, 3D-Drucktechnik oder auch Windenergie. Damit die Chancen und Gefahren auch für die Zukunft eingeschätzt werden können, sollte der Anleger nicht nur einzelne Firmen untersuchen - er sollte auch einen Blick auf die Konkurrenz werfen, die sich in derselben Branche befinden.

Die konjunkturellen und fiskalpolitischen Rahmenbedingungen

Es gibt auch die erweiterte Fundamentalanalyse - hier werden auch makroökonomische Aspekte berücksichtigt. Dabei finden vor allem die fiskalpolitischen und konjunkturellen Rahmenbedingungen Berücksichtigung.

Die Dividendenrendite

Die Dividendenzahlungen sind äußerst attraktiv, da hier die Unternehmen die Gewinnanteile an die Aktionäre ausschütten. Auch dieser Punkt wird gerne herangezogen, wenn der Anleger eine Fundamentalanalyse durchführt. Vor allem dann, wenn es sich um einen sicherheitsorientierten Anfänger handelt, der sich vorwiegend auf die Dividendenausschüttungen konzentriert, ist dieser Punkt von erheblicher Bedeutung.

Doch die Fundamentalanalyse steht auch immer wieder im Zeichen der Kritik. Das liegt an der Tatsache, dass nicht die Gesamtdynamik des Marktes berücksichtigt werden kann. Vor allem dann, wenn sich Anfänger mit der Fundamentalanalyse befassen, werden sie immer wieder feststellen, dass viele Aspekte einfach keinen Sinn ergeben. Für Bewegungen, die entgegen der Analyse aufgetreten sind, gibt es kaum Erklärungen, die im Zuge der Fundamentalanalyse auch Sinn machen. Aus diesem Grund ist es wichtig, dass immer wieder Ausstiegspunkte festgelegt werden, sodass der Anleger seinen Verlust mindern kann, wenn sich der Markt doch in die falsche Richtung bewegt. Selbst dann, wenn Kennzahlen berücksichtigt und Analysen durchgeführt wurden, kann nicht garantiert werden, dass es am Ende auch zu Gewinnen kommt.

Charttypen

Zu Beginn geht es um die Erstellung des Kursdiagramms. Dabei entscheiden sich die Anleger in der Regel um den Linienchart. Sehr beliebt ist auch der sogenannte Kerzenchart - Candlestick-Chart. Die Kerze wird durch einen Körper und einen Docht gebildet - der Körper ist die Spanne zwischen dem Eröffnungs- und dem Schlusskurs, der Docht ist die Bewegung, die darüber hinausgeht. Viele Charttechniker erkennen hier bereits mögliche Zukunftsszenarien, sodass die Aktie in weiterer Folge empfohlen werden kann - mitunter kann auch abgeraten werden.

Chartformationen

Die Idee? Bestimmte Konstellationen sorgen für bestimmte Bewegungen. Doppel- und auch Dreifachhochs sollen die Wende nach unten einleiten. Andererseits sorgen Doppel- und Dreifachtiefs für den gegenteiligen Effekt, sodass es zu einem Kursgewinn kommt. Diese Umkehr kann auch durch die sogenannte "Schulter-Kopf-Schulter"-Formation oder auch die Verwandlung des "V" in ein "U" signalisiert werden.

Charteinzeichnungen

Diverse Linienzeichnungen unterstützen die Analyse von Aktien. Die Kurse scheinen nämlich eine Art Erinnerungsvermögen zu besitzen. Das kann etwa durch die Psychologie der Aktionäre erklärt werden. So werden immer wieder Kurspreise erreicht, die in weiterer Folge eine Trendumkehr bedeuten.

Indikatoren

Zur Kursanalysen können auch weitere Indikatoren verwendet werden. Hier gibt es etwa eine Trendfolge wie auch MACD, gleitende Durchschnitte oder auch Oszillatoren wie Stochastik oder RSI. Des Weiteren stehen Indikatoren zur Verfügung, die die Volatilität messen und auch Indikatoren, die sich direkt auf die Stärke eines Trends konzentrieren.

Zeitintervalle

Der Candlestick-Chart präsentiert zu jeder Kerze ein Zeitintervall - so wird etwa eine Minute, eine Stunde oder auch ein ganzer Tag präsentiert. Das Zeitintervall wird entsprechend der Handelsfrequenz gewählt. Je kurzfristiger der Handel sein soll, desto kleiner wird die genutzte Zeiteinheit. Profis setzen dabei auf verschiedene Zeitintervalle, sodass sie ein stärkeres Signal erhalten.

Kritiker vertreten die Ansicht, dass die technische Analyse nur wenige objektive Daten heranzieht, die auch tatsächlich gemessen werden können. Fakt ist, dass es kaum harte Fakten gibt, an denen sich die Anleger in weiterer Folge orientieren können. Jedoch kann dahingehend argumentiert werden, dass es sich bei der Charttechnik um eine Prophezeiung handelt - je mehr sich die Teilnehmer danach richten, desto wahrscheinlich wird es auch, dass die Technik auch funktioniert.

Auf der Suche nach dem passenden Handelsplatz

Die Anlagestrategie wurde definiert und die Frage, welche Aktien gekauft werden sollen, wurde bereits beantwortet. Nun muss der Anleger die Aktien auch über die Plattform des Brokers suchen und in weiterer Folge erwerben. Hier benötigt er die sogenannte Wertpapierkennnummer (ISIN oder WKN) oder sucht die Gesellschaft nach Namen. Doch über welche Börse soll das Wertpapier gekauft werden? In Deutschland stehen die Frankfurter Börse, das XETRA-System der Frankfurter Börse und auch mehrere Regionalbörsen (so etwa Berlin, Düsseldorf, Stuttgart, Hamburg und München) zur Verfügung. Zahlreiche Wertpapiere können auch im außerbörslichen Direkthandel gekauft oder verkauft werden. Der Anleger spart sich also die Börsengebühren und auch die Maklercourtage. Aktien können heutzutage also über verschiedene Handelsplätze gehandelt werden. Das Prinzip ist denkbar einfach: Der Anleger stellt eine Preisanfrage für - beispielsweise - 30 Aktien einer bestimmten Gesellschaft. Der Handelspartner übermittelt den unverbindlichen Kauf- oder auch Verkaufspreis. Nun muss der Anleger schnell sein - die Kurse können sich sofort verändern, sodass nach wenigen Sekunden schon ein anderer Preis angeboten wird. Auch Optionsscheine und Zertifikate können direkt über die Bank gehandelt werden. Natürlich will sich der Anleger für den günstigsten Handelsplatz entscheiden. Am Ende sind mehrere Faktoren zu berücksichtigen, die den Handelsplatz teuer oder günstig werden lassen. So ist etwa die geplante Höhe des Investments von Bedeutung. Auch der Spread (Differenz zwischen An- und auch Verkaufskurs) und auch die Courtage (die Vermittlerprovision des Maklers) haben einen Einfluss. Handelt es sich um Standardwerte, so etwa um DAX-Aktien, so sind die Unterschiede kaum spürbar. Entscheidet sich der Anleger jedoch für Nebenwerte, so ist es wichtig, dass er diese zu einem marktgerechten Preis erwirbt oder verkauft. Entscheidet sich der Anleger für den außerbörslichen Direkthandel außerhalb der Börsenzeiten, so trägt der Direkthandelspartner ein recht hohes Risiko, sodass die Spreads regelmäßiger höher als etwa zu den regulären Börsenzeiten sind.

Anfängertipps

<u>Wann sollen Aktien verkauft werden?</u>

Ein Trader will schnelle Rendite erzielen, ein Anleger will langfristig in namhafte und auch erfolgreiche Gesellschaften investieren und ein Teil der Erfolgsgeschichte werden. Der Anleger, der einen langfristigen Anlagehorizont verfolgt, freut sich über Dividendenausschüttungen und ist zufrieden, wenn die Aktienkurse stabil bleiben. Dennoch muss sich auch der Anleger die Frage stellen, ab wann mitunter das Pferd gewechselt werden sollte - bleibt der Erfolg nämlich aus oder bewegt sich die Aktie in die falsche Richtung, so müssen auch langfristige Investments vorzeitig beendet und in weiterer Folge umgeschichtet werden. Der erfahrene Anleger will seine Gewinne laufen lassen und achtet darauf, dass die Verluste begrenzt werden. Fehler, die Anfänger gerne machen?

Der Aktienkurs steigt leicht - der Bestand wird sofort verkauft. Fällt der Aktienpreis in den Keller, so bleibt der Anleger stur und hofft, dass sich der Markt wieder erholt. Natürlich - Anleger brauchen Geduld und sollten nicht sofort verkaufen, wenn die Märkte in die andere Richtung gehen. Jedoch muss sich jeder Anleger die Frage stellen, ob es mitunter Hinweise gibt, dass das Investment keinesfalls mehr erfolgversprechend wird. Der Anleger sollte sich also an richtige Investoren-Legenden orientieren und im Vorfeld Informationen einholen, welche Aktien derzeit beliebt sind oder nicht. Zudem ist es wichtig, dass sich die Anfänger zu Beginn die Frage stellen, bei welchem Verlust die Notbremse gezogen wird oder welchen Gewinn man mit einer Aktie erzielen möchte. Nur dann, wenn im Vorfeld klare Grenzen gesetzt wurden, können Gewinne laufen gelassen und mögliche Verluste begrenzt werden.

Anleger sollten auch auf passive Investments und Fonds setzen

Der Anleger sollte auf passive Investments (Indexzertifikate oder ETF) oder auch auf Investmentfonds setzen. Vor allem dann, wenn das Vermögen langfristig aufgebaut werden soll, sind derartige Wertpapiere eine durchaus empfehlenswerte Alternative. Schlussendlich sind derartige Alternativen recht risikoarm - hier besteht eine doch sehr gute Streuung. Der erfahrene Anleger entscheidet sich aber nicht für irgendeinen Fonds, sondern vergleicht im Vorfeld die zur Verfügung stehenden Möglichkeiten. So achtet der Profi auf ein erfahrenes Fondsmanagement, führt einen Vergleich der zur Verfügung stehenden Fonds durch und wird auch Berechnungen anstellen, wie hoch das tatsächliche Risiko ist. Will der Anleger jedoch nur in einen Index - so etwa in den DAX - investieren, so kann er sich für Indexzertifikate oder auch ETF (Exchange Traded Funds) entscheiden. Diese bilden den Index 1 zu 1 nach - es gibt kein Fondsmanagement, sodass der Anleger geringere Kosten bezahlen muss, sodass es zu keiner gravierenden Schmälerung des Gewinns kommt.

Informationen einholen

Bevor sich der Anleger für Aktien einer Gesellschaft entscheidet, sollte er im Vorfeld Informationen über den Betrieb, die Konkurrenten und auch über die Branche einholen. Ratsam sind Firmenportraits, Kennzahlen, Berichte des Unternehmens, Analysen und auch die Beurteilungen der Analysten, Charts und auch aktuelle Nachrichten, die sich mit dem jeweiligen Unternehmen befassen. Nur dann, wenn der Anleger im Vorfeld Informationen einholt und auch mehrere Gesellschaften miteinander vergleicht, kann er am Ende auch sicher sein, warum er in das jeweilige Unternehmen investieren möchte.

Anleger sollten nur frei verfügbares Geld investieren

Tages- und Festgeldkonten sind derart unattraktiv, sodass der Anleger eine Alternative sucht. Natürlich sind Aktien interessant. Der Anleger sollte aber tatsächlich nur jene Beträge in Aktien investieren, auf die er in weiterer Folge auch verzichten kann. Einerseits sollte der Anleger keine Notverkäufe durchführen müssen, andererseits ist es wichtig, dass nicht das gesamte Vermögen in Aktien investiert wird. Schlussendlich sollte der Anleger nur dann seine Aktien verkaufen, wenn er am Ende einen Gewinn erzielt - die Aktien also einen guten Kurs erreicht haben. Zudem raten Experten, dass nur 20 Prozent des Vermögens in Aktien investiert werden sollten. Aktien sind - auch dann, wenn der Anleger Informationen einholt und zahlreiche Tipps und Tricks berücksichtigt - riskant. Die größte Gefahr? Der Anleger erleidet einen Totalverlust. Das heißt, dass das Geld, das in Aktien investiert wurde, verloren ist.

Aufträge limitieren

Böse Überraschungen sind möglich, können jedoch durchaus verhindert werden. Wie das möglich ist? Die Order müssen limitiert werden. Der Anleger sollte sich also im Vorfeld für einen Höchstkurs und auch für einen Mindestkurs entscheiden - erreicht die Aktie den Höchstkurs, so wird sie verkauft; landet die Aktie auf dem Mindestkurs, so wird sie in weiterer Folge ebenfalls verkauft. Der Anleger kann also hohe Verluste verhindern.

Der Anleger sollte sich Rendite-Ziele setzen

Will der Anleger einen Teil seines Geldes ansparen und entscheidet sich für ein Sparbuch, so weiß er bereits am ersten Tag, wie hoch der Zinssatz ist. Somit kann er im Vorfeld ausrechnen, wie hoch die Zinserträge nach einem Jahr, nach zwei Jahren oder nach fünf Jahren sein werden. Auch wenn die Aktien nicht mit einem Fixzinssatz ausgestattet sind, so sollte sich der Anleger dennoch im Vorfeld überlegen, welchen Gewinn er erzielen wird. Dabei sind nicht nur die einzelnen Aktien zu berücksichtigen - der Anleger sollte sich auch die Frage beantworten, wie hoch der jährliche Gewinn des gesamten Depots sein soll. Natürlich kann es vorkommen, dass das Ziel nicht sofort im ersten Jahr erreicht wird. Selbst Profis, die schon seit Jahren in Aktien investieren, müssen nicht immer ihre Ziele erreichen. Schlussendlich gibt es immer wieder unvorhergesehene Ereignisse, die die Märkte in die falsche Richtung bewegen können.

Sollte der Anfänger auf Finanzexperten hören?

Anfänger sind immer wieder unsicher und wissen nicht, ob ihre Entscheidungen tatsächlich richtig sind. Fakt ist: Es gibt keine richtigen oder falschen Entscheidungen - wer die Tipps und Tricks berücksichtigt und sich für Aktien eines Unternehmens entscheidet, der wird am Ende sehr wohl genügend Gründe haben, warum er in die Gesellschaft investieren möchte. Bankberater oder Finanzexperten, die immer wieder Tipps und Tricks geben, wollen natürlich helfen, wobei das nicht bedeutet, dass sie auch immer Recht behalten. Schlussendlich müssen die Bankberater und Finanzexperten auch Vorgaben und Quoten erfüllen, sodass mitunter riskante Aktien empfohlen werden, die - so die Berater - aber "sehr sicher" sind. Auch "heiße Tipps", die sich im Internet finden, müssen nicht immer zum Erfolg führen. Auch Aktien für Anfänger, die garantiert für Gewinne sorgen, gibt es nicht.

Der Anfänger sollte sich zu Beginn für ein Demokonto entscheiden

Viele Broker bieten kostenlose Demokonten an. Der Anleger

kann sich zuerst mit der Materie vertraut machen, muss kein echtes Geld einsetzen und kann die Märkte beobachten. Demokonten sind ideal, wenn sich der Anleger noch unsicher ist oder sich erst mit der Plattform des Brokers vertraut machen möchte.

Wann ist der ideale Einstiegszeitpunkt?

Der Daytrader wird sich vorwiegend mit Trends befassen. Doch wie ist es möglich, dass ein Trend rechtzeitig erkannt wird? Beispielsweise kann eine Analyse dabei helfen, wenn der Daytrader aktuelle Aktien- und Wirtschaftsdaten (also die Indikatoren) berücksichtigt: Er analysiert die Konjunktur- und Wirtschaftsindikatoren (Auftragseingänge, Leitzinsentwicklung, Gewinnprognose, Arbeitsmarktdaten, ifo-Geschäftsklimaindex, Ölpreis, Inflationsrate oder auch die Exportdaten), führt eine Fundamentalanalyse und/oder eine Chartanalyse durch und kommt am Ende zu dem Ergebnis, ob ein Trend bevorsteht oder mitunter schon eingetreten ist. Doch auch Trends können - genauso wie Aktienkurse - durch mehrere Faktoren ausgelöst und in weiterer Folge auch beeinflusst werden. Auch hier spielt die Psychologie der Anleger eine wesentliche Rolle. Werden die Aktienkurse durch Gerüchte in die Höhe getrieben, so kann es mitunter zu einem Trend kommen, sodass immer mehr Anleger in das Unternehmen investieren. Genau deshalb ist es wichtig, dass der Daytrader auch auf die Stimmung der Marktteilnehmer achtet - gehen die Aktionäre davon aus, dass der Aktienkurs des jeweiligen Unternehmens steigt oder sind sie der Meinung, dass es zu einem Kursabsturz kommt? Die Stimmung lässt sich anhand der zahlreichen Börsenmedien beobachten. Medien haben nämlich sehr wohl einen nicht zu unterschätzenden Einfluss auf die Entscheidungen der Anleger. Wird positiv berichtet, so kann von einem Anstieg des Aktienkurses ausgegangen werden; berichten die Medien vorwiegend negativ, so können mitunter auch Panikverkäufe die Folge sein. Natürlich sind auch politische Entscheidungen für Trends verantwortlich. Auch hier kann abermals auf die Solarbranche verwiesen werden. Das Erneuerbare-Energien-Gesetz (kurz: EEG), das im Jahr 2000 in Kraft getreten ist, garantierte in weiterer Folge höhere Solarstromförderungen. Auch die Unternehmen erhielten direkte Zuwendungen - so etwa Solarworld, die, nur zwischen den Jahren 2003 und 2011, 130 Millionen US-Dollar an staatlicher Unterstützung erhielten. Das Ergebnis? Die Solaraktien erlebten einen regelrechten Boom. Doch mitunter kann es auch Ereignisse geben, die im Vorfeld nicht vorhergesagt werden können. Terroranschläge und Naturkatastrophen können Aktienkurse abstürzen lassen, wobei es natürlich auch die Möglichkeit gibt, dass Sicherheits-Aktien in die Höhe schnellen. 2001, nachdem das World Trade Center angegriffen wurde, erlebten vor allem jene Firmen Kursgewinne, die sich auf Sicherheitsthemen spezialisiert haben. Auch neue und aussichtsreiche Technologien können Trends auslösen. Erneuerbare Energien, so etwa Solar, Windkraft, der 3D-Druck oder Elektroautos, Smartphones oder Virtual Reality können sehr wohl in naher Zukunft dafür sorgen, dass jene Unternehmen profitieren, die derartige Technologien anbieten und dementsprechende Produkte vertreiben.

Fakt ist: Börsentrends gibt es immer wieder - problematisch ist nur die Tatsache, dass ein Trend oft zu spät erkannt wird, sodass der Anleger erst zum Ende des Trends aktiv wird. Mitunter werden die Aktien auch zu früh verkauft, weil der Trader der Meinung ist, der Trend sei demnächst vorbei; hält der Trend weiterhin an, so verhindert der Daytrader einen noch höheren Gewinn, weil die Angst vor einem möglichen Verlust gesiegt hat.

Die Trendfolgestrategie

"The trend is your friend" - eine extrem alte Börsenweisheit, die jedoch noch immer der Wahrheit entspricht und vor allem für Daytrader interessant sind. Besteht ein Trend, so ist die Wahrscheinlichkeit groß, dass sich dieser fortsetzt; die Wahrscheinlichkeit, dass der Trend einbricht oder eine Umkehr erlebt, ist gering. Vor allem dann, wenn der Daytrader die Position eröffnet und in wenigen Stunden wieder schließt. Doch auch wenn die Trendfolgestrategie eine hohe Trefferquote hat und somit durchaus hohe Gewinne möglich sind, so entscheiden sich viele Daytrader dennoch für die Chartanalyse. Doch die Chartanalyse, so interessant und hilfreich sie auch sein mag, führt immer wieder zu denselben Schwierigkeiten: Die Relevanz der Signale ist gering, es gibt nur sehr späte Ein- und auch Ausstiegssignale und es besteht eine geringe Signalhäufigkeit - am Ende können jene Schwierigkeiten dazu führen, dass der Daytrader eine falsche Entscheidung trifft.

Relevanz: Der Daytrader muss damit rechnen, dass er sehr wenige Signale erhält, die am Ende aber bei der Entscheidung helfen sollten, ob er ein bestimmtes Wertpapier kaufen oder verkaufen soll. Des Weiteren ist die Signalhäufigkeit sehr bescheiden, wenn sich der Daytrader nach den simplen Formationen (Trendkanäle und dergleichen) richtet oder nach möglichen Widerständen Ausschau hält.

Fakt ist: Mit dieser Methode ist die Wahrscheinlichkeit gering, dass der Daytrader langfristige Erfolge verbucht.

Ein- und Ausstiegssignale: Viele Chart-Formationen generieren erst dann Einstiegs- und Ausstiegssignale, nachdem zahlreiche Bedingungen erfüllt wurden - am Ende kommt es erst dann zu Signalen, wenn der Aktienkurs weit weg von lukrativen Extremwerten ist. Somit verschlechtert sich in weiterer Folge auch das Ertragsprofil der einzelnen Signale - das hat natürlich wieder einen Einfluss auf die Trefferquote.

Frequenz der Signale: Erfolgversprechende Chartformationen sind nur sehr selten zu beobachten, da im Vorfeld mehrere Bedingungen erfüllt werden müssen. Bleiben ein paar Voraussetzungen aus, so wird das Signal unbrauchbar - es kommt also zu Verlusten, weil sich der Daytrader, aufgrund der schwachen Frequenz, falsch entschieden hat. Vor allem dann, wenn die Positionen nach kurzer Zeit wieder geschlossen werden sollen, kann es zu fehlenden Signalen kommen.

Entscheidet sich der Daytrader also gegen die Chartanalyse, so besteht mitunter eine höhere Wahrscheinlichkeit, dass er auch die richtigen Entscheidungen treffen wird. Doch warum ist die Trendfolgestrategie so beliebt und mitunter auch erfolgreich? Die Wahrscheinlichkeit ist eben hoch, dass sich die Mehrheit der Anleger ident verhält. Ist also ein klarer Trend zu beobachten, so werden diesem Trend auch die anderen Marktteilnehmer folgen - es kommt also zu einer automatischen Fortführung der Bewegung. Der Daytrader folgt also der Masse und profitiert von der Tatsache, dass sich viele Marktteilnehmer für ein und dieselbe Aktie entscheiden. Doch auch wenn die Trendfolgestrategie durchaus empfehlenswert ist, so heißt das nicht, dass sie auch immer zum Erfolg führt. Wichtig ist, dass sich der Daytrader an sein striktes Money-Management hält und das Kapitalrisiko kontrolliert. Genau deshalb ist es wichtig, dass der Daytrader nie mehr als 5 Prozent des zur Verfügung stehenden Kapitals riskiert. Verfügt der Daytrader über 10.000 Euro, so sollte er keinesfalls mehr als 500 Euro investieren, wenn er die Position nach 60 Sekunden schließen möchte.

Der Vorteil für Anfänger? Das Risiko ist, wenn sich der Daytrader für die Trendfolgestrategie entscheidet, relativ gering. Einerseits weist die Trendfolgestrategie eine hohe Trefferquote auf, andererseits darf die Psychologie der Marktteilnehmer niemals unterschätzt werden. Die Tatsache, dass der Trend anhält, ist wahrscheinlicher als der Umstand, dass der Trend - innerhalb von Minuten - einbricht oder eine Umkehr erlebt ("the trend is your friend"). Die größte Herausforderung, die der Daytrader meistern muss? Er muss den Trend rechtzeitig erkennen. Ratsam ist hier die Verwendung eines Demokontos. Bevor der Daytrader also sein Kapital einsetzt, so sollte er sich im Vorfeld mit einem Demokonto befassen - das virtuelle Geld, das hier zur Verfügung gestellt wird, sorgt dafür, dass es gar kein Risiko mehr gibt. Der Daytrader kann Strategien ausprobieren und mitunter auch für sich selbst herausfinden, ob er Trends erkennt oder mitunter noch Erfahrungswerte sammeln muss, bevor er tatsächlich sein

Vermögen investiert. Will der Daytrader im Vorfeld ein Demokonto verwenden, so muss er darauf achten, dass dieses auch vom Broker zur Verfügung gestellt wird (Kapitel: "Auf der Suche nach dem richtigen Broker").

Ist der Daytrader der Ansicht, dass er Trends erkennen kann, so sollte er zu Beginn keine hohen Beträge investieren. Natürlich mag das zu Beginn frustrierend sein, jedoch ist es wichtig, dass zuerst das Risiko gesenkt wird. Erwirbt der Daytrader 400 Aktien, wobei der Preis bei 4,20 Euro liegt, so hat er 1.680 Euro investiert. Steigt der Kurs in weiterer Folge auf 5,10 Euro, so gewinnt der Daytrader 360 Euro (exklusive Transaktionsgebühr). Hätte er 1.000 Aktien gekauft, so hätte er einen Gewinn in der Höhe von 900 Euro erzielt (exklusive Transaktionsgebühr). Wäre der Wert der Aktie aber auf 3,90 Euro gefallen, so hätte er bei 400 Aktien nur einen Verlust in der Höhe 120 Euro gemacht; bei 1.000 Aktien hätte der Daytrader einen Verlust in der Höhe 300 Euro verbuchen müssen. Natürlich sind das hier nur kleinere Beträge, doch gerade Anfänger sollten zu Beginn keine Unsummen setzen. Ganz egal, wie sicher der Trend erscheint - die Tatsache, dass jeder Trend eine Umkehr erleben oder einbrechen kann, darf niemals vergessen werden.

Die Beispiele zeigen auch, dass kein hohes Startkapital erforderlich ist, wenn man sich für das Daytrading entscheidet. Mitunter genügen bereits 1.000 Euro (oder weniger), wenn man erst am Anfang steht und ausprobieren möchte, ob Trends erkennt werden oder nicht. Natürlich wird man mit derartigen Summen nicht reich werden, kann sich jedoch an die Materie herantesten und mitunter den ersten Schritt in die richtige Richtung machen.

Eine Trendfolgestrategie kann auch einfach mit Put- oder auch Call-Optionen abgebildet werden. Glaubt der Daytrader an einen Aufwärtstrend, so erwirbt er Call-Optionen; ist der Daytrader jedoch der Meinung, dass der Abwärtstrend anhält, so entscheidet er sich für Put-Optionen.

Fakt ist: Die Trendfolgestrategie hat sich bereits in der Vergangenheit mehrmals bewähren können; zudem handelt es sich um eine recht einfache Strategie, die vor allem auch Anfänger problemlos verstehen werden. Die einzige Herausforderung? Trends erkennen und nicht vorzeitig das Wertpapier verkaufen, nur weil man die Angst hat, dass der Trend einbrechen oder eine Umkehr erleben könnte. Die Trendfolgestrategie eignet sich hervorragend für Daytrader, weil Trends nur für einen gewissen Zeitraum bestehen - Anleger, die ihr Geld langfristig in Aktien investieren möchten, sollten sich daher unbedingt für eine andere Strategie entscheiden.

Informationen für Börseneinsteiger

Die Typ-Analyse

Bevor das erste Mal Aktien gekauft werden, sollte sich jeder Trader einmal Gedanken darüber machen, welches Ziel er verfolgt, welches Risiko er eingehen möchte und ob er auch der Meinung ist, dass er genug Informationen eingeholt hat, sodass er auch die verschiedenen Börse-Begriffe versteht. Sollen die Aktien für die Altersvorsorge herangezogen oder das Studium des Kindes finanziert werden, so sollte sich der Trader für ein langfristiges Investment entscheiden. Geht es aber um kurzfristige Gewinne, die mittels zur Verfügung stehenden Kapital generiert werden sollen, wobei ein möglicher Totalverlust keine gravierenden Folgen hätte, so kann sehr wohl das Daytrading-Konzept verfolgt werden.

Die Gier nach dem großen Gewinn

"No risk, no fun" - der Daytrader kann hohe Summen gewinnen, muss sich aber immer bewusst sein, dass sich der Markt auch in die komplett andere Richtung bewegen kann. In weiterer Folge kommt es zu Verlusten - selbst ein Totalverlust ist möglich. Problematisch ist natürlich der Umstand, dass viele Daytrader die Verluste mit höheren Einsätzen relativieren möchten. Wer 1.000 Euro verliert, der sollte aber keine 2.000 Euro investieren, damit er am Ende kein Minus verbuchen muss. Verluste gehören dazu - diese müssen akzeptiert werden. "Sichere Tipps und Empfehlungen", die immer wieder im Internet zu finden sind und hohe Gewinne versprechen, sollten nicht dazu führen, dass eine Unsumme investiert wird, nur weil der Daytrader schon den "sicheren Gewinn" auf seinem Konto sieht. Bevor Positionen eröffnet werden, muss sich der Daytrader selbst die Frage stellen, welches Ziel er erreichen will. Eine weitere Frage, die unbedingt geklärt werden muss - wie hoch darf der Verlust sein? Ist die tägliche Verlustgrenze erreicht, so sollte der Daytrader den Tag für sich abhaken und keinesfalls höhere Summen investieren, weil er den Verlust unbedingt ausgleichen möchte. Dieses Kunststück wird ihm in der Regel nämlich nicht gelingen.

Informationen einholen und Wissen aneignen

Spätestens jetzt dürfte klar sein, was eine Aktie ist, warum Aktienkurse nach oben oder auch nach unten gehen und welche Strategie besonders empfehlenswert ist. Am Ende ist es wichtig, dass der Daytrader weiß, wie die Börse funktioniert und warum es Tage gibt, an denen Aktienkurse in die Höhe schnellen und mitunter Zeiten eintreten, die die Aktienkurse abstürzen lassen. Weitere Informationen erhalten Sie auch im kostenlosen Bonusinhalt. Den Zugang dazu finden sie am Ende des Buches.

Die Gebühren

Ein Thema, das vor allem Daytrader interessieren sollte: Gebühren. Ob Online-Broker oder Bank - am Ende sind für Depot und Trades Gebühren zu entrichten, die natürlich einen Einfluss auf die Rendite haben. Vor allem Daytrader, die mehrmals pro Tag Positionen öffnen und schließen, müssen diese Gebühren ganz besonders berücksichtigen. Viele Online-Broker bieten kostenlose Depots an; es gibt auch unterschiedliche Transaktionsgebühren, die im Vorfeld - im Rahmen eines Brokervergleichs - unbedingt verglichen werden sollten. Daytrader sollten sich vor allem für jene Broker interessieren, die ein kostenloses Depot zur Verfügung stellen und eine geringe Transaktionsgebühr verlangen (Kapitel: "Auf der Suche nach dem richtigen Broker").

Wie wird man zum erfolgreichen Daytrader?

"Kann man als Daytrader eigentlich Geld verdienen?"

"Ist Daytrader überhaupt ein Beruf?"

"Ist das nicht extrem gefährlich?"

Fragen, die wohl von Personen gestellt werden, die sich bislang nicht für den Finanzmarkt interessiert haben. Interessant ist die Tatsache, dass der Daytrader keine Ausbildung oder ein abgeschlossenes Studium benötigt, der Gesetzgeber aber dennoch der Ansicht ist, dass Daytrader einen richtigen Beruf ausüben. Schlussendlich kommt der Daytrader für seinen Lebensunterhalt auf - wer also genügend Geld verdient, damit er seine monatlichen Kosten abdecken kann, übt also in weiterer Folge einen Beruf aus. Natürlich gibt es viele Mythen und Vorurteile, mit denen Daytrader zu kämpfen haben. Mitunter gibt es sogar ein paar Geschichten, die frei erfunden sind, jedoch die Basis bilden, warum man Daytrader werden wollte - und am Ende auch blieb. Leider gibt es aber noch immer genug Daytrader, die auch die Schattenseiten kennenlernen mussten und am Ende nur Verluste dokumentierten. Doch gibt es ein Geheimrezept oder goldene Regeln, damit man erfolgreich wird und auch bleibt? Zuerst sollten ein paar Mythen und Vorurteile beseitigt werden.

Mythos Nummer 1: Daytrader sind hyperaktive Gewinner, die Stunden vor dem Computer verbringen

Der Daytrader sitzt zehn oder mehr Stunden vor mehreren Bildschirmen, die allesamt nur Aktienkurse anzeigen; innerhalb von Sekunden werden Positionen eröffnet und wenig später geschlossen. Die Einsätze? Minimal. Mit 5 Euro werden am Tagesende 500 Euro oder mehr erzielt. Natürlich mag es Daytrader geben, die genauso agieren - sie gehören jedoch zur absoluten Ausnahme. Auch Daytrader, die vier-, fünf- oder gar sechsstellige Beträge setzen, sind am Ende nur sehr selten anzutreffen.

Der moderne Daytrader verbringt den Großteil des Tages in wartender Position und hofft, dass er einen Trend erkennt, der dazu führt, dass er einen Gewinn verbucht. Pro Tag werden in der Regel nicht mehr als fünf Geschäftsabwicklungen durchgeführt; die Tatsache, dass die Gewinne im dreistelligen Bereich liegen, ist - vor allem bei Anfängern - eher unwahrscheinlich. Vielmehr freut man sich, wenn am Ende des Tages ein Plus erzielt wurde - ganz egal, ob es 20, 50 oder 100 Euro sind (inklusive Transaktionsgebühren).

Mythos Nummer 2: Daytrader sind reiche Alleingänger

Der Daytrader ist ein reiches Finanzgenie - er sitzt in seiner Villa, öffnet und schließt Positionen mit dem neuesten iPhone und trinkt vorwiegend teuren Wein. Natürlich mag es den einen oder anderen Daytrader geben, der diesen Traum tatsächlich lebt - in der Regel trifft man so einen Daytrader aber nicht an.

Wie sieht das richtige Leben des Daytrader aus?

Jeder Daytrader handelt anders - im Vordergrund steht natürlich die Individualität. Doch alle Daytrader üben den ein und desselben schweren und auch anstrengenden Beruf aus; Profi-Daytrader arbeiten in der Woche bis zu 60 Stunden, wobei sie nicht ständig Wertpapiere kaufen und wenig später wieder verkaufen. In erster Linie befassen sie sich mit Nachrichten aus der Wirtschafts- und Finanzwelt, passen ihre Strategien an und versuchen am Ende des Tages einen Gewinn zu verbuchen. Zudem muss der Daytrader darauf achten, dass seine technische Ausrüstung auf dem neuesten Stand ist und muss sich auch um die Steuern kümmern, die im Zuge der Gewinne zu bezahlen sind. Der Daytrader steht sehr wohl unter Druck: Jede Entscheidung, die sich am Ende als falsch herausstellt, kostet Geld - nur dann, wenn er am Ende des Monats derart viel Geld verdient hat, dass er auch seine monatlichen Lebenshaltungskosten bezahlen kann, wird er zufrieden sein. Daytrader üben einen Ganztagesjob aus, der durchaus frustrierend werden kann, wenn ein paar Positionen nicht den gewünschten Erfolg bringen.

Tipps und Tricks

Emotionen? Abschalten!

Emotionen sind das wohl größte Hindernis für den Daytrader. Damit der Daytrader profitable Geschäfte abschließen kann, muss er frei von Aufregung sein - er muss sich konzentrieren und darf nicht ständig auf sein Bauchgefühl hören. Der Daytrader muss lernen, wie er seine Emotionen abschaltet. Nur dann, wenn der Daytrader seine Instinkte trainiert und sich nicht ständig von seinen Gefühlen leiten lässt, wird er am Ende erfolgreich bleiben.

Auf der Suche nach dem schnellen Erfolg

Zu Beginn muss sich der Daytrader von den finanziellen Zielen verabschieden. All jene, die sich am Ende des Jahres beim Autohändler sehen, weil sie sich den neuen Mercedes leisten können, werden einem Traum nachjagen, der sich wohl nicht so schnell realisieren lassen wird. Wichtig ist, dass sich der Daytrader tägliche Ziele setzt. Dabei geht es aber nicht ausschließlich um den Gewinn; der Daytrader muss sich auch eine tägliche Verlustgrenze setzen. Hat er die Gewinn- oder Verlustgrenze erreicht, so sollte er den Tag abhaken und keine Positionen mehr eröffnen.

Wissen ist Macht

Wissen ist Macht - ein altes Sprichwort, wobei jeder Buchstabe der Wahrheit entspricht. Nur dann, wenn sich der Daytrader im Vorfeld über die Börse informiert, die verschiedenen Analysetechniken ausprobiert, seine Emotionen in den Hintergrund verdrängt und auch alles unternimmt, damit er am neuesten Stand bleibt, wird er auch erfolgreich werden und am Ende auch bleiben. Wichtig ist, dass der Daytrader, wenn er einmal eine Glückssträhne hat, sich nicht auf seinen Lorbeeren ausruht. Wer denkt, dass er bereits unschlagbar ist, weil er bislang nur Gewinne einfahren konnte, wird relativ schnell auf dem harten Boden der Tatsachen landen. Daytrader können zwar stolz auf sich sein, dürfen aber nie überheblich oder zu siegessicher werden.

Nachrichten sind so wichtig wie nie zuvor

Der Daytrader muss natürlich finanz- und wirtschaftspolitische Meldungen verfolgen und sich natürlich auch im Vorfeld erkundigen, wann interessante und auch wegweisende Geschäftsberichte der jeweiligen Unternehmen präsentiert werden. In weiterer Folge muss er die Handelsstrategie anpassen.

Wenn das Hobby zum Beruf wird

Wer 110 Prozent gibt, sein Hobby liebt und sich immer intensiver mit der Materie befasst, der wird wohl irgendwann einmal mit dem Gedanken spielen, dass er sein Hobby zum Beruf machen kann. Daytrader können hohe Gewinne einfahren, die finanzielle Freiheit erlangen und ein Leben führen, das für den Großteil der Menschen nicht vorstellbar ist. Der Daytrader profitiert von der freien Zeiteinteilung, geht einer Arbeit ohne Vorgesetzten nach und kann daheim bleiben, wenn er Positionen öffnen oder schließen möchte. All jene Vorteile, die Daytrader vor den Augen haben, sorgen natürlich dafür, dass sich immer mehr Hobby-Trader mit der Tatsache befassen, ihre Freizeitbeschäftigung zum Beruf zu machen. Doch der Daytrader muss sich immer bewusst sein, dass es auch Nachteile gibt - Verluste gehören einfach dazu. Tage, an denen gar nichts funktioniert, wird es ebenfalls geben. Zudem haben viele Daytrader auch falsche Erwartungen: Wer schon zu Beginn 200 bis 500 Euro am Tag verdienen will, der kann mitunter schwer enttäuscht sein, wenn am Ende der Woche gerade einmal ein Plus von 60 Euro erzielt werden konnte. Wichtig ist, dass - vor allem zu Beginn - kleinere Ziele in Angriff genommen werden; nur dann, wenn tagtäglich neue Etappensiege folgen, bleibt der Daytrader motiviert. Des Weiteren sollte sich der Daytrader nicht immer nur mit den möglichen Gewinnen befassen. Viel wichtiger ist die Frage, wie viel der Daytrader überhaupt verlieren darf. Es wird Niederlagen geben, die besonders schmerzhaft sein können; Verlustgrenzen müssen eingehalten werden, sodass am Ende nicht wieder das Bauchgefühl in den Mittelpunkt rückt und den Daytrader derart beeinflusst, dass er noch mehr Geld verliert. Auch Slogans, die vermitteln, dass der Daytrader "mindestens 1.000 Euro pro Tag" machen wird, müssen wohl eher in die Kategorie "Märchen" eingeordnet werden. Natürlich wird es gute Tage geben;

schlechte Tage, die vielleicht den Gewinn des letzten Tages auffressen, werden aber ebenfalls einmal kommen.

Will der Daytrader sein Hobby zum Beruf machen, so muss er
diszipliniert sein, sich mit allen Vor- und Nachteilen befassen und
am Ende auch wissen, dass nicht nur die Sonne scheinen kann.
Auch wenn die Vorteile wohl überwiegen, so gibt es dennoch ein
paar Schattenseiten, die unbedingt berücksichtigt werden müssen. Nur dann, wenn der Daytrader auch die möglichen Gefahren kennt, wird er am Ende auch derart vorbereitet sein, sodass
er mit den Rückschlägen auch umgehen kann.

Doch wie kann sich der Daytrader auf Gewinne und Verluste
vorbereiten? Er braucht einen Tradingplan!

Der Daytrader darf die Positionen niemals vergrößern, weil er
bereits dokumentierte Verluste ausgleichen möchte. Dieser Fehler, der gerne von Anfängern gemacht wird, kann am Ende das
schnelle Ende bedeuten. Aber nicht nur Anfänger lassen sich
gerne zu derartigen Aktionen hinreißen; auch erfahrene Daytrader, die mitunter schon mehrere Jahre ihr Geld an der Börse
verdienen, begehen hin und wieder so einen schwerwiegenden
Fehler. Am Ende will der Daytrader keinen Gewinn mehr erzielen
- er will zumindest den Verlust, den er an dem Tag gemacht hat,
ausgleichen. Doch die Wahrscheinlichkeit, dass höhere Einsätze
dazu führen, dass Verluste ausgeglichen werden, ist gering.
Warum? Auch wenn viele Daytrader diese Behauptung abstrei-
ten, so übernehmen die Emotionen die Kontrolle. Der Daytrader
geht ein höheres Risiko ein und hofft, dass er den Tag - ganz
egal, wie schlecht dieser bislang verlaufen ist - doch noch retten
kann. Denn wenn schon den ganzen Tag Verluste eingefahren
wurden, so ist es ratsam, wenn er sich an den Plan hält und den
Tag abhakt.

Ein weiterer Fehler, den Anfänger gerne machen: Sie eröffnen
Positionen, obwohl sie keinen Grund gefunden haben - Trades,
die aus Langeweile entstehen oder einfach aus der Laune heraus, führen in der Regel nicht zum Erfolg. Natürlich gibt es ein
paar Glückstreffer - diese sind aber die Seltenheit. Wenn der
Daytrader keine Signale erkennt, so sollte er auch keine Positionen eröffnen. Mitunter gibt es Tage, an denen gerade einmal eine
Position eröffnet wird; vielleicht ist der nächste Tag besser, so-

dass vier oder fünf Positionen eröffnet und wieder geschlossen werden können. Die Märkte sind, auch das werden die Anfänger relativ schnell verstehen, oft für Überraschungen gut - Entwicklungen können daher nicht immer vorhergesagt werden. Stellt der Daytrader fest, dass es sich scheinbar um einen langweiligen Handelstag handelt, so sollte er sich Zeit für sich selbst nehmen und keinen Gedanken mehr an langweilige Trades verschwenden.

Tag für Tag gibt es zahlreiche Möglichkeiten für die Daytrader. Doch oftmals entscheidet sich der Daytrader zu spät für eine Position; er verpasst den Aufschwung und muss feststellen, dass ihm gerade ein zwei, drei- oder gar vierstelliger Betrag durch die Finger gegangen ist. In weiterer Folge suchen viele Anfänger andere Positionen, die ebenfalls vielversprechend sind. Doch kein Daytrader sollte sich auf diese Suche begeben! Hat man einen Trend verpasst, so sollte man nicht krampfhaft nach neuen Trends suchen - am Ende wird man sicher wieder einmal einen attraktiven Gewinn verbuchen. Vielleicht nicht am selben Tag, aber vielleicht schon am nächsten Tag oder übernächste Woche. Der Daytrader muss auch Geduld haben!

Der Trader ist auch der Risikomanager. Nur dann, wenn alle Vorkehrungen getroffen wurden, kann das Risiko auch tatsächlich reduziert werden. Mit einem geplanten Stop Loss kann ein Totalverlust verhindert werden; sinkt das Wertpapier bis zur angegebenen Verlustgrenze, so wird die Position automatisch geschlossen. Erwirbt der Daytrader 1.000 Aktien für 5,30 und entscheidet sich für einen Stop Loss bei 4,50 Euro, so werden die 1.000 Aktien dann verkauft, wenn der Kurs die Grenze von 4,50 Euro erreicht.

Daytrader, die sich gegen die Stop Loss-Funktion entscheiden, riskieren mitunter auch einen Totalverlust!

Es gibt mehrere Arten, wie der Daytrader ein Vermögen aufbauen kann. Ein Beispiel: Der Daytrader erwirbt 500 Aktien zu 3,20 Euro/Aktie - die Investitionssumme beläuft sich auf 1.600 Euro. Die Position wird bei 5,20 Euro/Aktie geschlossen - der Daytrader darf sich über 2.600 Euro freuen. Abzüglich der Investitionssumme (1.600 Euro) hat der Daytrader einen Gewinn in der Höhe von 1.000 Euro erzielt. Erkennt der Trader in weiterer Folge einen neuen Trend, so kann er mitunter 2.000 Euro investieren - liegt der Aktienpreis bei 6,50 Euro/Aktie, so würde er 307 Wertpapiere bekommen. Steigt der Aktienkurs auf 7,90 Euro/Aktie, würde der Daytrader 2.425,30 Euro erhalten - da er nur 2.000 statt 2.600 Euro investiert hat, verfügt er nun über insgesamt 3.025,30 Euro. Der Reingewinn beläuft sich auf 1.425,30 Euro. Ein Spiel, das - solange der Daytrader immer richtig liegt - fortgesetzt werden kann. Wichtig ist, dass sich der Daytrader selbst die Frage beantwortet, wie hoch sein maximaler Einsatz sein soll - je höher der Einsatz, umso höher das Verlustrisiko, wenn sich der Markt in die andere Richtung bewegt.

Ein weiterer Punkt: Positionen dürfen niemals über Nacht gehalten werden! Märkte, die während den Nachtstunden geschlossen werden, reagieren oft auf Ereignisse, die während der Ruhezeiten eingetreten sind. Katastrophen, internationale Nachrichten oder politische Entscheidungen können die Kurse derart beeinflussen, sodass sie am Morgen nicht mehr mit dem Kurs am Vortag verglichen werden können. Schließt die Position gegen 22.00 Uhr bei 5,00 Euro/Aktie, so können unvorhergesehene Ereignisse dazu führen, dass der Kurs am nächsten Morgen bei 4,10 Euro/Aktie steht. Ganz egal, wie "sicher der Tipp" war - Daytrader müssen die Positionen noch am selben Tag schließen!

Keinesfalls sollte der Daytrader shorten, nur weil ein Preis gestiegen ist; keinesfalls darf der Daytrader long gehen, nur weil der Preis stark gefallen ist. Bevor derartige Aktionen gesetzt werden, muss der Daytrader die technischen Marken überprüfen! "Noch weiter kann der Aktienkurs gar nicht steigen, irgendwann muss es ja in die andere Richtung gehen" - ein Spruch, der gerne von Anfängern getätigt wird. "Schon wieder auf einem roten Feld gelandet? Jetzt landet die Kugel auf dem schwarzen Feld. Anders ist es gar nicht möglich" - auch Roulette-Spieler kennen diese Aussage und wissen, dass es mitunter 20 Mal vorkommen kann, dass die Kugel auf einer roten Zahl landet. Auch Aktienkurse können immer weiter in die Höhe schießen - es gibt, vor allem im Zuge von Trends, keine Begrenzung.

Hat der Daytrader den Tag überstanden, so sollte er sich mit den Gewinnen und Verlusten befassen und die Trades analysieren. Hat er Fehler gemacht? Mit welcher Strategie war er besonders erfolgreich? Wird der Tag analysiert, so kann sich der Daytrader sicher sein, dass er seine Lehren daraus zieht und Fehler, die er am selben Tag gemacht hat, am nächsten Tag nicht mehr wiederholt

Auf der Suche nach dem richtigen Broker

Daytrader müssen natürlich im Vorfeld auch Informationen über Broker einholen - Transaktionsgebühren oder Depotkosten, wie bereits erwähnt, sind immer zu berücksichtigen. Doch das sind nicht die einzigen Punkte, die im Zuge des Brokervergleichs beachtet werden sollten.

Ist der Broker seriös?

Der Daytrader kann eine beachtliche Rendite erzielen, wobei er dafür ein hohes Risiko eingeht - immer dann, wenn Menschen hohe Summen investieren möchten, lockt dieser Umstand auch "schwarze Schafe" an. Der Daytrader sollte zu Beginn darauf achten, dass der Broker eine EU-Lizenz hat, attraktive Konditionen anbietet und sollte im Internet nach Erfahrungsberichten oder nach Bewertungen suchen, die von unabhängigen Portalen vorgenommen wurden.

Das Geschäftsmodell

Es gibt nur wenige Einsteiger, die zu Beginn auch wissen, dass es unterschiedliche Geschäftsmodelle gibt. In der Regel wird zwischen zwei Geschäftsmodellen unterschieden, wobei diese sehr wohl erhebliche Auswirkungen auf den Daytrader haben können. So gibt es Market Maker, die die Kurse selbst stellen. Das heißt, dass sie mit dem Kunden einen direkten Handel eingehen und die unterschiedlichen Kaufs- und Verkaufsangebote unter den Kunden vermitteln. Die Kosten, die in weiterer Folge vom Kunden getragen werden müssen, werden über den sogenannten Spread erhoben. Es gibt keine Kommission zu entrichten. Der Nachteil? Der Broker muss sich natürlich am Markt absichern und auch gegen die eigenen Kunden "wetten"; in weiterer Folge sind Interessenskonflikte vorprogrammiert. Jedoch sind die Einstiegshürden wesentlich geringer; die Spreads können ebenfalls ein Vorteil sein. Zahlreiche Daytrader entscheiden sich aber gegen Market Maker und für STP- oder ECN-Broker. ECN- oder STP-Broker stellen keine eigenen Kurse - die Orders werden in weiterer Folge ohne Dealing Desk weitergeleitet. Interessenskonflikte sind nicht möglich; zu beachten sind geringere Spreads. STP- und ECN-Broker eignen sich vor allem für fortgeschrittene Daytrader.

Kurse und Performance

Der Daytrader muss schnell reagieren und braucht daher einen Broker, der auch eine schnelle Verarbeitung bietet. Am Ende können bereits Sekunden über Gewinn und Verlust entscheiden! Wichtig ist, dass der Broker Realtime-Kurse zur Verfügung stellt; der Daytrader hat nämlich keinen Vorteil, wenn die Kurse zeitverzögert angezeigt werden. Broker, die die Kurse mit einer 15-minütigen Verzögerung anzeigen, sollten von Daytradern unbedingt vermieden werden. Einige Broker bieten zwar Realtime-Kurse an, stellen jedoch Gebühren in Rechnung, wenn diese vom Daytrader genutzt werden. Auch derartige Anbieter können nicht empfohlen werden. Des Weiteren müssen Handelsplattform und Software auch das Daytrading möglich machen. Das bedeutet, dass die Orders auch unverzüglich abgewickelt werden. Bevor sich der Daytrader also für einen Broker entscheidet, sollte er sich auch über anfallende Ladezeiten informieren.

Transaktionsgebühren und Depotkosten

Der Daytrader eröffnet mehrere Positionen pro Tag - zu beachten ist, dass jede Position, die der Daytrader eröffnet und wieder schließt, Gebühren verursacht. Aus diesem Grund ist es für den Daytrader besonders wichtig, dass er beim Brokervergleich die Transaktionsgebühren vergleicht. Schlussendlich haben die Kosten, die für jeden Trade entstehen, einen Einfluss auf den tatsächlichen Gewinn. Auch Depotkosten sollten, so gut es geht, vermieden werden. Es gibt bereits zahlreiche Broker, die kostenfreie Depots zur Verfügung stellen.

Beispiel: Werden für die Positionseröffnung 5,90 Euro und für das Schließen der Position ebenfalls 5,90 Euro berechnet, so entstehen Kosten in der Höhe von 11,80 Euro. Macht der Daytrader einen Gewinn in der Höhe vn 9,70 Euro, so muss er am Ende einen Verlust in der Höhe von 2,10 Euro verbuchen. Steigt der Gewinn auf 34 Euro, so hat er einen Nettogewinn in der Höhe von 22,20 Euro erzielt.

Welche Handelsarten stehen zur Verfügung?

Wer sich nur für Majors im Forex interessiert, der wird wohl keine Probleme haben, am Ende den passenden Broker zu finden. Wer sich jedoch für den außereuropäischen Handel oder sich vorwiegend für exotische Basiswerte interessiert, der sollte im Vorfeld genau überprüfen, ob der Broker derartige Handelsarten anbietet. Zu beachten sind auch hier - wie bereits erwähnt - die Gebühren. Sehr wohl gibt es ein paar Broker, die erhöhte Gebühren in Rechnung stellen, wenn sich der Trader für außergewöhnliche Handelsarten interessiert.

Der Kundendienst

Der Daytrader hat keine Zeit. Sekunden können über Verlust und Gewinn entscheiden. Genau deshalb ist auch wichtig, dass er den Kundenservice so schnell wie möglich erreichen kann. Wichtig ist, dass der Broker kostenlose Kontaktmöglichkeiten anbietet - so etwa eine gebührenfreie Hotline oder auch einen kostenlosen Live-Chat.

Das Demokonto

Anfänger, die sich für das Daytrading interessieren, sollten nicht sofort ihr Geld aufs Spiel setzen. Viele Broker bieten kostenlose Demokonten an - hier kann der Daytrader einmal ausprobieren, ob er bereits Trends erkennt oder ob seine gewählte Strategie auch zum Erfolg führt. Doch Demokonten werden nicht nur von Anfängern genutzt: Profis, die mitunter schon seit Jahren ihr Geld als Daytrader verdienen, probieren immer wieder neue Strategien aus und greifen im Zuge der Tests auch gerne auf Demokonten zurück.

Welche Anbieter können empfohlen werden?

DEGIRO

Der Broker punktet durch den umfangreichen Leistungsbereich - internationale Börsenplätze stehen genauso wie Xetra oder auch deutsche Börsen zur Verfügung. Ob ETFs, Zertifikate oder Optionsscheine - Daytrader werden mit Sicherheit begeistert sein! Des Weiteren stehen die Realtime-Kurse kostenlos zur Verfügung. Das Depot ist kostenlos; die Transaktionsgebühren sind im unteren Bereich. Zu beachten ist, dass es leider kein Demokonto gibt.

OnVista

Den Daytradern stehen Aktien, Anleihen, ETFs, Zertifikate, Futures und auch Optionen zur Verfügung. Selbstverständlich werden auch hier kostenlose Realtime-Kurse zur Verfügung gestellt. Ein weiterer Vorteil: OnVista bietet den Tradern auch ein kostenlose Demokonto an - eine Mindesteinlage ist nicht erforderlich. Die Transaktionsgebühren belaufen sich auf 5,99 Euro (Inlandsorder).

YNX

Forex, Aktien, Futures, Optionsscheine und Optionen - auch YNX kann den Daytradern bedenkenlos empfohlen werden. Zu beachten ist, dass es jedoch keine kostenlosen Realtime-Kurse gibt; auch das Demokonto kann erst auf Nachfrage genutzt werden. Die Transaktionsgebühr beläuft sich auf 5,80 Euro.

Weitere Informationen zu Anbietern erhalten Sie auch im kostenlosen Bonusinhalt. Den Zugang dazu finden sie am Ende des Buches.

Das Fazit

Am Ende geht es nicht um die Maximierung des möglichen Gewinns - es geht immer nur um die Begrenzung des möglichen Verlusts. Daytrader, die ihr Hobby zum Beruf gemacht haben oder sich ein langfristiges Vermögen aufbauen möchten, werden immer wieder feststellen, dass die Märkte für Überraschungen gut sind. An einem Tag gibt es hohe Gewinne, am nächsten Tag könnte man der Meinung sein, von Daytrading keine Ahnung zu haben. Doch ganz egal, wie die Sache am Ende ausgehen mag, sollten im Vorfeld verschiedene Vorkehrungen getroffen werden, sodass zumindest die typischen Anfängerfehler vermieden werden können.

Der Daytrader sollte sich das notwendige Wissen aneignen: Daytrader müssen zuerst einmal verstehen, warum Aktienkurse nach oben gehen oder fallen können; gleichzeitig ist es auch wichtig, dass die Daytrader auch die Bedeutung der zahlreichen Begriffe kennen. Nur dann, wenn man sich mit der Materie befasst hat, wird man auch richtige Entscheidungen treffen können.

Der Daytrader muss das Risiko senken: Hohe Gewinnchancen sind immer verlockend, doch hohe Gewinnchancen bedeuten auch, dass ein nicht zu unterschätzendes Risiko besteht. Das Ziel eines jeden Daytraders? Die Minimierung des Risikos.

The trend is your friend: Diese Weisheit, die schon ein paar Jahrzehnte alt ist, wird Daytrader tagtäglich begleiten - wichtig ist nur, dass der Daytrader Trends erkennt, rechtzeitig einsteigt und auch darauf achtet, dass er die Position wieder rechtzeitig schließt.

Der Broker: Auch die Wahl des Brokers muss gut durchdacht sein - weil Daytrader mehrere Positionen am Tag eröffnen und wieder schließen, sind auch die Gebühren, die im Zuge der Trades anfallen, unbedingt zu berücksichtigen.

Kostenfreie Bonusinhalt:

Sie können unter **www.investmentacademy.at/bonus**
kostenfreie Bücher herunterladen die die Inhalten dieses
Buches ideal ergänzen!

Impressum

Hinweise:

Dieses Buch ist lediglich eine Einführung in die Thematik und stellt keine Finanz- oder Anlageberatung dar. Dem Handel mit Optionen, Immobilien und Wertpapieren unterliegt immer ein gewisses Verlustrisiko. Dieses Buch wurde durch bezahlte Werbung unterstützt.

Verleger und Rechteinhaber:

Matthias Pajek
Stockhammergasse 4/B1
2620 Neunkirchen
Österreich / Austria

Gedruckt/Vertrieben und Verkauft via
Amazon.com, Inc. oder einer Tochtergesellschaft

TB-:C:R:E:A:M:2018:MHAP